Luiz Santos

Ressocializando
Escolhas que Reescrevem Histórias

Direitos Autorais
Título Original: Rituais da Unidade
Copyright © 2024 por Luiz Antonio dos Santos
Todos os direitos reservados a Booklas.com

Este livro é um Projeto Pedagógico de Luiz Antonio dos Santos. Trata-se de uma obra de caráter educativo e cultural, focada em promover o autoconhecimento e a transformação pessoal. Através de reflexões sobre escolhas, raízes e interações sociais, oferece um guia prático para o desenvolvimento humano e a reintegração social, fundamentado em conceitos éticos e pedagógicos. Seu conteúdo é destinado ao estudo, à prática educacional e ao fortalecimento de competências emocionais e sociais, não substituindo aconselhamento profissional ou acadêmico.

Equipe de Produção
Editor: Luiz Antonio dos Santos
Consultoria Pedagógica: Paulo Henrique Oliveira, Ana Beatriz Carvalho, Renata Gomes
Revisão de Texto: Helena Ribeiro, Mariana Torres
Design Gráfico e Diagramação: Clara Antunes
Capa: Estúdio Booklas / Gabriel Fonseca

Publicação e Identificação
Rituais da Unidade / Por Luiz Antonio dos Santos
Booklas, 2024
Categorias: Educação. Filosofia. Desenvolvimento Pessoal. Psicopedagogia.
I. Santos, Luiz Antonio dos. II. Antunes, Clara. III. Título.
DDC: 370.1 – CDU: 370.15

Direitos Reservados
Editora Booklas
Rua José Delalíbera, 962
86.183-550 – Cambé – PR
E-mail: suporte@booklas.com
Website: www.booklas.com

Sumário

Prólogo 6
Capítulo 1 Raízes 8
Capítulo 2 O Impacto do Meio no Comportamento 11
Capítulo 3 Normalização do Erro 15
Capítulo 4 Crenças Limitantes 19
Capítulo 5 Responsabilidade Pelas Ações 22
Capítulo 6 Reavaliando Companhias 26
Capítulo 7 Capacidade de Escolha 30
Capítulo 8 Culpa e o Arrependimento 33
Capítulo 9 Novas Metas de Vida 37
Capítulo 10 Ciclos de Violência 41
Capítulo 11 Estigma Social 45
Capítulo 12 Trabalho e da Educação 48
Capítulo 13 Resiliência 52
Capítulo 14 Viver em Sociedade 55
Capítulo 15 Impulsos e Reações 59
Capítulo 16 Autoestima e Transformação 63
Capítulo 17 Aprendendo a Perdoar 66
Capítulo 18 Nova Identidade 69
Capítulo 19 Relações Saudáveis 72
Capítulo 20 Reestruturando Hábitos 76
Capítulo 21 Rejeição e o Preconceito 79
Capítulo 22 Futuro com Propósito 82
Capítulo 23 Foco nas Mudanças 85
Capítulo 24 Celebrando Conquistas 88

Capítulo 25 Superando a Influência de Maus Exemplos 91
Capítulo 26 Perdão Familiar 94
Capítulo 27 Gratidão e Transformação 97
Capítulo 28 Rotina Positiva 100
Capítulo 29 Medos do Futuro 103
Capítulo 30 Comunidade Positiva 106
Capítulo 31 Confiança em Si 109
Capítulo 32 Paciência e a Persistência 112
Capítulo 33 Zona de Conforto 115
Capítulo 34 Criatividade 118
Capítulo 35 Pressões Externas 121
Capítulo 36 Resiliência Financeira 125
Capítulo 37 Inteligência Emocional 129
Capítulo 38 Legado Positivo 133
Capítulo 39 Aprendendo com os Fracassos 136
Capítulo 40 Forças e Talentos 139
Capítulo 41 Ansiedade e o Medo 143
Capítulo 42 Feedback Positivo 146
Capítulo 43 Pequenas Vitórias 149
Capítulo 44 Trabalho e Vida Pessoal 152
Capítulo 45 Reavaliando Prioridades 155
Capítulo 46 Desenvolvendo a Disciplina 158
Capítulo 47 Estresse 161
Capítulo 48 Histórias de Superação 164
Capítulo 49 Compromisso com o Futuro 167
Capítulo 50 O Sentido da Vida 170
Capítulo 51 Consolidando a Transformação 173

Capítulo 52 Inspirando Outros 176
Capítulo 53 Um Novo Começo 179
Epílogo 182

Prólogo

A cada respiração, escolhas invisíveis moldam a trama da existência. Este livro chegou a você não por acaso, mas como um chamado silencioso para uma transformação que já começa a pulsar em seu interior. Cada palavra aqui escrita foi entrelaçada para confrontar verdades que você talvez tenha escondido até de si mesmo. Não há julgamentos neste espaço, apenas um convite: caminhar para dentro do que você é, questionar os porquês e escolher quem deseja ser.

Vivemos aprisionados em ciclos – alguns visíveis, outros sutis como um sussurro na noite. São as raízes de sua infância, as vozes que moldaram suas crenças, o ambiente que ofereceu sombras onde deveria haver luz. Você pode até achar que tudo isso é inalterável, uma narrativa já escrita. Mas, ao abrir este livro, você segurou a caneta. As páginas à sua frente são um portal, e cada linha o desafia a ser coautor de sua história.

O que o trouxe até aqui? Será a busca por respostas? Talvez seja o peso do que não pôde mudar ou o desejo insaciável por algo que ainda não sabe nomear. Dentro destas páginas, não há promessas fáceis ou verdades absolutas. O que há é um espelho – um reflexo das suas escolhas, das suas dúvidas e da sua coragem. Um convite para olhar além do reflexo superficial, nas profundezas de quem você verdadeiramente é.

Você aprenderá que o passado não é uma sentença, mas um trampolim. Que suas raízes, mesmo aquelas que julga estéreis ou quebradas, podem nutrir algo novo e extraordinário. A cada capítulo, será desafiado a olhar para os padrões que o cercam, para as vozes que o conduziram e para as decisões que moldaram seu caminho. Mais do que isso, será convidado a reescrever, reconstruir e ressurgir.

Aqui, não se trata de um simples virar de páginas. É um ato de coragem. De encarar o impacto de seus ambientes, os erros normalizados, as crenças que limitaram seu voo. Ao longo dessa leitura, você encontrará exercícios, reflexões e, acima de tudo, verdades que o desafiarão a pensar diferente, a ser diferente. Mas saiba: você não está sozinho. Cada linha deste livro foi pensada como um guia, um companheiro em sua jornada de renascimento.

Prepare-se para encarar seus próprios ciclos, para identificar as âncoras que o seguram e os ventos que podem impulsioná-lo. Sim, há desafios pela frente. Sim, será desconfortável. Mas lembre-se, toda grande transformação começa no caos. O que você ganhará ao aceitar esse chamado? Algo além das palavras. Você ganhará a si mesmo – uma versão mais consciente, mais íntegra, mais verdadeira.

Ao abrir este livro, você iniciou algo poderoso. A decisão de virar a próxima página não é apenas um gesto físico. É um compromisso. Um compromisso consigo mesmo. Então, inspire fundo. Sinta a energia que pulsa em suas mãos enquanto segura este livro. Você já começou.

Agora, siga em frente. O mundo não será mais o mesmo – porque você não será mais o mesmo.

Capítulo 1
Raízes

Cada um carrega em si uma história única, escrita por um conjunto de influências que vão muito além de nossas escolhas conscientes. Nossas raízes, fincadas no solo de nossas origens familiares, culturais e sociais, moldam o que somos e, muitas vezes, ditam os caminhos que seguimos. Compreender essas raízes é mais do que uma introspecção; é um passo fundamental para quebrar ciclos, reconstruir narrativas e ressignificar quem queremos ser.

A influência do meio onde crescemos pode ser comparada ao solo que alimenta uma planta. Uma semente, por mais resiliente que seja, responde ao ambiente em que é colocada. Se o solo é fértil, ela cresce robusta, mas, se é pobre, sua sobrevivência é um desafio. Assim, nossas experiências de infância e adolescência nos cercam como o solo e determinam os nutrientes emocionais, sociais e cognitivos que absorvemos.

No contexto de uma realidade difícil, onde desigualdades e adversidades são constantes, a ideia de "normalidade" se transforma. Crianças que crescem em ambientes marcados por pobreza ou violência aprendem a ver o mundo sob uma ótica moldada pelo medo, pela escassez ou pelo conformismo. A mente jovem, em formação, internaliza essas vivências como verdades absolutas. Mas, ao crescer, o adulto pode olhar para essas influências com um olhar crítico e buscar novos caminhos.

Reconhecer as raízes não é um ato de acusação. Culpar o passado ou as circunstâncias, embora tentador, é improdutivo. Em vez disso, trata-se de examinar os eventos e as pessoas que moldaram crenças e atitudes, com a mente aberta e sem julgamentos. Essa análise permite diferenciar o que foi herdado do que pode ser transformado.

Exercícios de reflexão ajudam nesse processo. Pense sobre sua infância. Quais eram os valores promovidos em sua casa? Havia apoio emocional, incentivo ou diálogo? Ou você cresceu em meio ao silêncio, à crítica constante ou ao desamparo? Muitas vezes, a ausência de recursos emocionais na juventude pode levar a escolhas que, mais tarde, parecem inexplicáveis. Ao identificar esses padrões, você pode começar a desvendar como eles impactaram suas decisões.

Além da família, o contexto social desempenha um papel essencial. Um bairro ou comunidade com índices altos de criminalidade ou abandono governamental afeta profundamente quem ali vive. As redes de relações moldam percepções do que é possível ou aceitável. Se um jovem vê constantemente exemplos de pessoas que encontram na ilegalidade um meio de sobrevivência, ele pode considerar isso não apenas viável, mas inevitável. Por outro lado, crescer cercado por exemplos de superação pode inspirar visões mais amplas e esperançosas.

Entender suas raízes também significa aceitar que o contexto cultural influencia escolhas e comportamentos. Certos valores e normas, transmitidos de geração em geração, podem limitar a percepção de liberdade e possibilidade. Por exemplo, se alguém é ensinado a acreditar que não é digno de algo melhor, essa crença pode se manifestar em autossabotagem ou na busca por validação em caminhos destrutivos. Questionar esses valores herdados não é desrespeitar sua origem, mas sim abrir espaço para crescer além dela.

O passo mais transformador desse processo é identificar o que pode ser mantido e o que precisa ser rejeitado. Talvez você tenha aprendido a importância da lealdade em sua comunidade, mas também foi condicionado a acreditar que mostrar fraqueza é inaceitável. Talvez tenha recebido lições de sobrevivência, mas nunca aprendeu a confiar. Ao identificar essas dinâmicas, você pode decidir quais valores e crenças continuarão a fazer parte de sua identidade e quais devem ser reconfigurados.

Uma maneira prática de explorar suas raízes é criar um "mapa de influências". Nele, liste as pessoas mais importantes de sua infância e adolescência, assim como os momentos que mais impactaram sua visão de mundo. Em seguida, identifique como cada uma dessas influências contribuiu para quem você é hoje. Pergunte-se: essas lições ainda me servem? Elas refletem quem eu quero ser? Esse mapa é uma ferramenta poderosa para perceber padrões e iniciar mudanças.

Outro exercício útil é refletir sobre suas primeiras memórias de certo tipo de comportamento ou emoção, como raiva, medo ou alegria. Pergunte-se como essas emoções eram tratadas em sua família ou comunidade. Elas eram reprimidas, ignoradas ou expressas de forma saudável? Essa compreensão pode lançar luz sobre como você aprendeu a lidar com suas próprias emoções e relações.

Reconhecer que muitas das escolhas feitas até agora podem ter sido influenciadas por fatores externos, como o ambiente, as relações e as condições sociais, é libertador. Isso não significa abdicar da responsabilidade, mas sim entender que havia limitações invisíveis operando em sua trajetória. Com esse conhecimento, é possível começar a romper com os moldes que não servem mais.

Aceitar as raízes é o início de uma jornada, não o seu fim. Elas explicam como você chegou até aqui, mas não determinam para onde você vai. Ao compreender o impacto do ambiente e das relações no seu desenvolvimento, você ganha clareza para traçar novos caminhos. Suas escolhas podem se tornar mais conscientes, baseadas no que você deseja para o futuro, e não no que o passado parecia impor.

A análise de suas raízes não é apenas um ato de reflexão pessoal, mas também um gesto de compaixão consigo mesmo. Ao compreender as forças que moldaram suas escolhas, você pode perdoar erros passados e, mais importante, começar a construir um novo alicerce, baseado em valores e objetivos que reflitam a vida que você deseja viver. A transformação começa com o entendimento e o entendimento começa com as raízes.

Capítulo 2
O Impacto do Meio no Comportamento

O comportamento humano não surge no vácuo; ele é moldado, alimentado e reforçado pelo ambiente em que nos desenvolvemos. Desde os primeiros passos até as decisões adultas, o meio exerce uma influência constante, muitas vezes silenciosa, mas profunda. O que vemos, ouvimos e vivemos ao nosso redor determina como pensamos, agimos e até sonhamos. Reconhecer essa relação entre meio e comportamento é essencial para compreender os caminhos que tomamos — e para começar a transformá-los.

As normas de qualquer ambiente, sejam elas explícitas ou implícitas, têm um poder quase irresistível. Em um bairro onde pequenos delitos são considerados comuns, os limites do que é aceitável se expandem. Em um lar onde os gritos são mais frequentes do que o diálogo, a comunicação violenta se torna a linguagem natural. Esses padrões, repetidos dia após dia, moldam o entendimento do indivíduo sobre o que é "normal".

A influência do meio pode ser vista na metáfora das crianças trocadas ao nascer. Imagine uma criança nascida em um ambiente privilegiado, cheia de oportunidades e apoio, sendo criada em um contexto de pobreza e violência. Essa criança não herdará automaticamente o sucesso de sua origem, mas será moldada pelo que vê ao seu redor. Da mesma forma, uma criança nascida em circunstâncias difíceis, mas inserida em um ambiente positivo e de incentivo, absorverá os valores e comportamentos desse novo meio, adaptando-se e prosperando. Não somos apenas o que nascemos para ser; somos, sobretudo, o reflexo do que vivemos.

É nesse cenário que o meio social se torna não apenas um espaço físico, mas um campo de aprendizado. A vizinhança, os colegas de escola, os amigos e até as figuras de autoridade formam um mosaico de influências que ensinam, direta ou indiretamente, como viver. Para quem cresce em ambientes desafiadores, os comportamentos problemáticos podem ser vistos não como escolhas ruins, mas como estratégias de sobrevivência. O furto, por exemplo, pode parecer uma necessidade, não um crime, em um contexto de privação extrema.

A convivência com o meio também constrói crenças. Se todos ao seu redor acreditam que "não há saída" ou que "o sistema é contra nós", essas ideias são internalizadas. Pior ainda, podem se transformar em verdades inquestionáveis. Essa influência não é óbvia; ela age nos detalhes, na forma como as pessoas falam, reagem e se posicionam diante da vida. Um jovem que vê apenas exemplos de desistência dificilmente se sentirá motivado a lutar.

Mas o meio não determina tudo. Embora sua força seja imensa, ele não é um destino inescapável. A chave para romper com essas influências é identificá-las. O primeiro passo é perceber os padrões à sua volta: Quais comportamentos você observa repetidamente nas pessoas que fazem parte de sua vida? Eles são saudáveis ou prejudiciais? Quais palavras ou crenças parecem dominar o discurso em sua casa, no trabalho ou na sua comunidade?

Ao responder essas perguntas, você começa a separar o que é realmente seu daquilo que foi absorvido. Reconhecer que muito do que você considera natural ou inevitável é, na verdade, uma construção social, pode ser libertador. Esse entendimento abre espaço para a possibilidade de mudança, mostrando que você não precisa repetir os padrões do meio em que cresceu.

Ainda assim, a mudança requer esforço consciente. Identificar as influências negativas é apenas metade do caminho; o próximo passo é substituí-las. É aqui que o ambiente precisa ser revisitado ou até substituído, na medida do possível. Se as pessoas ao seu redor constantemente reforçam comportamentos destrutivos, talvez seja necessário buscar novas redes de apoio.

Isso não significa abandonar quem você ama, mas reconhecer que, para mudar, é preciso cercar-se de exemplos diferentes.

Mesmo pequenas mudanças no meio podem gerar grandes impactos no comportamento. Mudar a forma como você utiliza seu tempo, por exemplo, é um bom ponto de partida. Frequentar novos espaços, como bibliotecas, centros culturais ou grupos comunitários, pode apresentar perspectivas diferentes e expandir suas possibilidades. Além disso, buscar orientação de mentores ou modelos positivos, sejam eles pessoas conhecidas ou figuras públicas inspiradoras, ajuda a construir uma nova visão de mundo.

No entanto, o impacto do meio não é apenas sobre o que absorvemos passivamente. Ele também molda as interações ativas que temos com os outros. Imagine uma pessoa que cresceu em um ambiente onde demonstrar emoções era visto como fraqueza. Essa pessoa pode evitar a vulnerabilidade em suas relações, criando barreiras que a impedem de se conectar genuinamente. Ao entender que esse comportamento é um reflexo do meio e não uma característica intrínseca, é possível começar a desaprender e reaprender formas mais saudáveis de se relacionar.

A reavaliação do meio social deve ser constante. Isso não significa apenas identificar os aspectos negativos, mas também reconhecer os positivos. Nem tudo em seu ambiente de origem precisa ser descartado. Talvez você tenha aprendido resiliência ou solidariedade em momentos difíceis. Use essas lições como alicerces para construir novas bases, mas esteja sempre atento ao que não serve mais.

Romper com as influências negativas do meio social não é um ato de rejeição, mas de escolha. Ao decidir conscientemente quais valores e comportamentos você deseja adotar, você assume o controle de sua narrativa. Isso pode exigir coragem, especialmente quando envolve questionar normas profundamente enraizadas ou se afastar de influências familiares. No entanto, é essa coragem que permite a verdadeira transformação.

Por fim, compreender o impacto do meio no comportamento é um convite à ação. Não se trata apenas de entender como chegamos até aqui, mas de usar esse entendimento para redirecionar nosso futuro. O meio tem poder, mas você também tem. Ao reconhecer a relação entre ambiente e comportamento, você começa a se libertar das amarras do passado e a construir um presente mais alinhado com seus valores e aspirações. E, ao fazer isso, você dá o primeiro passo para se tornar não apenas um produto do seu ambiente, mas o autor da sua própria história.

Capítulo 3
Normalização do Erro

A mente humana é um território fértil para padrões. O que repetimos com frequência — ou o que vemos sendo repetido ao nosso redor — molda nosso entendimento sobre o que é aceitável. O erro, quando vivido de forma constante em um ambiente, pode deixar de ser um ato isolado e tornar-se um hábito, algo que não apenas acontece, mas que passa a ser visto como normal. Reconhecer essa naturalização é uma etapa crucial para romper com ciclos que perpetuam atitudes prejudiciais.

No contexto de uma sociedade ou grupo em que o erro é frequente, ele pode ganhar uma aura de inevitabilidade. Em um bairro onde pequenos delitos são corriqueiros, eles podem ser vistos como ferramentas de sobrevivência. Em uma casa onde gritos e ofensas fazem parte da rotina, a violência verbal se disfarça de comunicação cotidiana. Esse tipo de normalização atua de forma insidiosa, infiltrando-se na mentalidade de quem vive esses cenários e apagando a linha que separa o certo do errado.

A normalização do erro não é um fenômeno que surge do nada. Ela cresce a partir da repetição e do contexto. Por exemplo, uma criança que cresce vendo parentes próximos recorrendo à criminalidade para garantir o sustento dificilmente enxerga essa prática como uma escolha moral errada; ela aprende que é uma estratégia de vida. Uma mente em formação absorve o que está ao seu redor sem filtros, transformando o ambiente externo em sua realidade interna.

Essa distorção do que é aceitável não está restrita à criminalidade ou à pobreza. Mesmo em ambientes privilegiados, erros podem ser naturalizados de maneiras diferentes. O abuso de poder, a manipulação ou a indiferença às consequências dos próprios atos são exemplos de como os erros se mascaram em condutas aparentemente normais. No entanto, os danos, tanto para quem pratica quanto para quem é impactado, são igualmente profundos.

O primeiro passo para reconhecer a normalização do erro é a autopercepção. Pergunte a si mesmo: quais comportamentos que adoto no meu dia a dia eu considerava errados no passado, mas agora vejo como normais? Esse exercício pode revelar como as influências externas moldaram suas crenças e atitudes ao longo do tempo. Não se trata de julgar a si mesmo, mas de enxergar com clareza como certos comportamentos se enraizaram em sua vida.

Revisitar sua história também é essencial. Pense nas pessoas ao seu redor, especialmente durante a infância e adolescência. Como elas lidavam com questões éticas e morais? Havia exemplos consistentes de honestidade e responsabilidade, ou o erro era justificado com frequência? Essa análise não busca culpar os outros, mas identificar padrões que você pode ter absorvido sem perceber.

Outro aspecto importante é refletir sobre os benefícios que o erro normalizado trouxe no curto prazo. Muitas vezes, ele oferece soluções rápidas ou alívio imediato, mascarando suas consequências de longo prazo. Um ato de agressão pode silenciar um conflito temporariamente, mas deixa marcas emocionais. Um furto pode suprir uma necessidade urgente, mas também cria um ciclo de dependência e risco. Reconhecer esses custos ocultos é uma maneira poderosa de questionar a validade desses comportamentos.

A normalização do erro também se fortalece quando encontra justificativas coletivas. Frases como "todo mundo faz isso" ou "não tenho escolha" são sintomas dessa mentalidade. Elas aliviam a culpa individual, diluindo a responsabilidade em um contexto mais amplo. No entanto, enquanto essa justificativa oferece conforto, ela também aprisiona. Reconhecer isso é o primeiro passo para recuperar o controle sobre suas ações.

Para começar a desconstruir a normalização do erro, é preciso coragem para questionar os padrões que você viveu e, muitas vezes, perpetuou. Isso exige uma análise crítica do ambiente ao seu redor. Que comportamentos você vê sendo reproduzidos repetidamente? Que palavras ou expressões indicam aceitação de práticas prejudiciais? Ao identificar esses elementos, você estará mais consciente de como eles influenciam sua vida.

Adotar uma postura reflexiva sobre os erros do dia a dia é essencial. Uma estratégia prática é registrar situações em que você percebeu que agiu ou pensou de maneira incoerente com seus valores. Pergunte-se: por que escolhi essa atitude? O que esperava ganhar? O que perdi? Esse tipo de autoanálise ajuda a desmontar as estruturas que sustentam comportamentos automatizados.

Outra ferramenta poderosa para romper com a normalização do erro é observar pessoas ou grupos que escolheram agir de forma diferente, mesmo em condições semelhantes às suas. Histórias de quem conseguiu quebrar ciclos destrutivos oferecem exemplos concretos de que a mudança é possível. Além disso, inspiram a coragem necessária para seguir um caminho alternativo.

Entender que o erro pode ser uma construção coletiva também abre espaço para desconstruí-lo de maneira consciente. Isso significa buscar aliados que compartilhem do desejo de mudança. Cercar-se de pessoas que incentivam comportamentos saudáveis e questionam práticas nocivas pode ser o apoio necessário para transformar sua visão de mundo e suas ações.

A transição de um ambiente onde o erro é normalizado para uma nova mentalidade pode ser desconfortável. Você pode enfrentar resistência de pessoas que ainda estão presas a esses padrões. Elas podem questionar sua escolha ou até mesmo tentar minar seu progresso. Mas lembre-se: ao tomar a decisão de mudar, você não está apenas rejeitando o erro, mas criando uma nova base para si mesmo.

Ao reconhecer e questionar a normalização do erro, você se abre para uma nova forma de viver. Não é uma mudança que ocorre de um dia para o outro, mas sim um processo contínuo de reflexão e ajuste. Cada pequena decisão tomada conscientemente, cada erro admitido e corrigido, contribui para a construção de uma vida mais alinhada com seus valores e objetivos.

A normalização do erro não é um destino inevitável. É um padrão que pode ser identificado, compreendido e transformado. O ato de reconhecê-lo já é, por si só, um rompimento com o ciclo. Ao perceber que você tem o poder de escolher — e de redefinir o que considera aceitável —, você começa a resgatar sua autonomia. Esse é o primeiro passo para uma vida guiada não pela repetição inconsciente, mas pela consciência plena de cada escolha.

Capítulo 4
Crenças Limitantes

Desde a infância, somos moldados por palavras, experiências e ideias que absorvemos como verdades absolutas. Elas criam um sistema de crenças que guia nossas ações, decisões e percepções sobre o que somos capazes de alcançar. No entanto, muitas dessas crenças são limitantes — barreiras invisíveis que impedem nosso crescimento e perpetuam ciclos de insatisfação. Desconstruí-las é um processo libertador, mas que exige coragem, reflexão e uma abertura para o desconhecido.

As crenças limitantes podem surgir de várias fontes. Famílias, escolas, comunidades e até mesmo a sociedade em geral criam narrativas sobre o que é possível ou aceitável. Elas podem ser tão simples quanto "não sou bom em matemática" ou tão profundas quanto "não sou digno de amor". Por mais diferentes que sejam, todas têm algo em comum: definem limites que não precisam existir.

Essas crenças frequentemente se originam de experiências negativas. Um fracasso em um projeto escolar pode levar alguém a acreditar que não tem talento para aprender. Um ambiente familiar desestruturado pode fazer uma pessoa se convencer de que não merece estabilidade emocional. Essas ideias se fortalecem com o tempo, à medida que buscamos inconscientemente evidências que as sustentem. Cada nova experiência que parece confirmá-las atua como mais um tijolo no muro que construímos em torno de nós mesmos.

A influência das crenças limitantes não se restringe às nossas habilidades ou autoestima; elas também moldam nossas relações e atitudes. Quem acredita que o mundo é um lugar hostil pode evitar se conectar com os outros, isolando-se para se proteger. Quem foi ensinado a pensar que "dinheiro é para os outros" pode evitar oportunidades financeiras por medo de fracassar ou de ser julgado. Essas crenças não refletem a realidade objetiva, mas são filtros que distorcem como enxergamos o mundo.

O primeiro passo para desconstruir essas crenças é identificá-las. Isso pode parecer simples, mas exige um olhar atento e honesto para o que você diz a si mesmo. Frases como "eu nunca consigo" ou "isso não é para mim" podem ser indícios de crenças limitantes. Pergunte-se: de onde veio essa ideia? É algo que você realmente acredita ou é um reflexo de algo que ouviu repetidamente?

Revisitar o passado também é essencial. Pense em momentos em que se sentiu incapaz, rejeitado ou inadequado. Quem estava presente? Quais mensagens você recebeu dessas experiências? Entender a origem das crenças pode ajudar a desmistificá-las, mostrando que elas foram construídas em um contexto específico e não representam uma verdade universal.

Uma técnica eficaz para desafiar essas crenças é buscar evidências contrárias. Por exemplo, se você acredita que não é bom em algo, procure exemplos de situações em que teve sucesso na mesma área. Essas pequenas vitórias, muitas vezes ignoradas, são provas de que suas crenças limitantes não são inquestionáveis. Com o tempo, essa prática pode ajudar a criar um novo padrão mental mais equilibrado e realista.

Outra abordagem poderosa é a reprogramação mental. Substituir crenças limitantes por afirmações positivas pode parecer simplista, mas é uma ferramenta valiosa quando praticada de forma consistente. Em vez de dizer "não sou bom nisso", experimente "eu tenho a capacidade de melhorar". A repetição dessas afirmações não apenas reforça novas crenças, mas também abre espaço para novas possibilidades.

No entanto, desconstruir crenças limitantes não é apenas sobre mudança de pensamento, mas também sobre ação. Tome pequenas atitudes que desafiem suas próprias percepções. Se acredita que não é capaz de socializar, tente iniciar conversas em situações simples. Se pensa que nunca poderá mudar de profissão, pesquise cursos ou oportunidades relacionadas ao que deseja. Cada ação, por menor que pareça, é uma prova concreta de que suas crenças limitantes podem ser superadas.

Outro aspecto importante é aprender a lidar com o desconforto. Desafiar crenças arraigadas é, por natureza, uma experiência desconfortável. Elas foram criadas para oferecer uma falsa sensação de segurança, e rompê-las pode provocar medo ou ansiedade. Reconheça essas emoções como parte do processo, mas não permita que elas o impeçam de avançar.

Além disso, procure inspiração em histórias de pessoas que superaram barreiras semelhantes. Ler sobre alguém que enfrentou desafios maiores e conseguiu crescer pode ajudar a enfraquecer as crenças de que você não é capaz. Essas histórias mostram que as limitações são frequentemente construções mentais, não fatos imutáveis.

Ao desconstruir crenças limitantes, é igualmente importante cultivar um diálogo interno mais compassivo. Muitos de nós somos nossos piores críticos, reforçando falhas em vez de celebrar progressos. Substitua a autocrítica destrutiva por uma análise construtiva. Em vez de dizer "falhei novamente", diga "o que posso aprender com isso?". Essa mudança na forma como você conversa consigo mesmo é fundamental para reconstruir sua autoconfiança.

Por fim, lembre-se de que crenças limitantes não desaparecem instantaneamente. Elas foram formadas ao longo de anos, e substituí-las por perspectivas mais positivas exige tempo e paciência. Seja gentil consigo mesmo durante esse processo, reconhecendo que cada pequeno passo é um avanço significativo.

Desconstruir crenças limitantes é como abrir uma janela em um quarto escuro. No início, a luz pode parecer forte demais, quase desconfortável. Mas, aos poucos, você começa a ver com clareza o que antes estava escondido. E, com essa nova visão, percebe que o único limite real é aquele que você aceita colocar em si mesmo.

Capítulo 5
Responsabilidade Pelas Ações

Assumir responsabilidade pelas próprias ações é um ato de poder, mas também de humildade. É o reconhecimento de que, mesmo em meio às influências do ambiente e às circunstâncias difíceis, cada escolha carrega consigo um grau de autonomia. Para muitos, isso pode soar como uma sentença pesada, mas, na verdade, é a chave para a liberdade. Quando deixamos de culpar o mundo ao nosso redor, começamos a perceber que o controle sobre nossas vidas está em nossas próprias mãos.

A responsabilidade não é sinônimo de culpa. Enquanto a culpa nos paralisa, fazendo-nos carregar o peso dos erros como uma punição, a responsabilidade nos motiva, pois nos lembra de que temos o poder de mudar. É uma linha fina, mas crucial: assumir responsabilidade é o ato de olhar para trás e reconhecer os momentos em que poderíamos ter agido de forma diferente, mas sem nos afogarmos em arrependimento. É, sobretudo, o compromisso de agir de maneira consciente a partir de agora.

A influência do meio social, econômico e cultural é inegável, mas não é absoluta. Ao longo da vida, cada indivíduo tem momentos de escolha, mesmo que limitados pelas condições externas. A decisão de se envolver em um conflito, de responder de forma agressiva ou de agir com desonestidade pode ter sido influenciada por pressões externas, mas, em última análise, foi uma escolha pessoal. Reconhecer isso não é fácil, mas é libertador.

A jornada para assumir responsabilidade começa com uma autoanálise honesta. Pergunte-se: Quais foram os momentos em que você culpou outras pessoas ou o ambiente pelas consequências de suas ações? Talvez você tenha justificado atitudes dizendo que não havia outra saída, ou que a culpa era de alguém que o provocou. Reflita sobre essas situações. Até que ponto sua reação foi inevitável? Onde estava sua capacidade de decidir diferente? Esse tipo de reflexão ajuda a iluminar áreas da vida em que a responsabilidade foi negligenciada.

Muitas vezes, evitar a responsabilidade é um mecanismo de defesa. Admitir que erramos pode ser desconfortável, pois nos força a confrontar nossa imperfeição. Mas é exatamente nesse desconforto que reside o potencial de crescimento. Reconhecer os próprios erros é como limpar um terreno cheio de entulhos: exige esforço e coragem, mas cria espaço para construir algo novo e sólido.

Um exercício prático para começar a assumir responsabilidade é revisitar eventos passados que tiveram desfechos negativos. Escolha um episódio específico e analise-o com atenção. O que você fez? Quais eram as opções disponíveis naquele momento? Quais consequências surgiram de suas escolhas? Mais importante ainda, o que poderia ter sido feito de forma diferente? Esse processo não é sobre se punir, mas sobre aprender.

Além da análise, é essencial praticar a reparação. Sempre que possível, busque corrigir os danos causados por suas ações. Isso pode significar pedir desculpas sinceras a alguém que você magoou ou tomar medidas para corrigir um erro financeiro, profissional ou emocional. A reparação não apenas ajuda a aliviar o peso da culpa, mas também fortalece sua responsabilidade perante os outros e a si mesmo.

No entanto, assumir responsabilidade não significa carregar o peso de tudo sozinho. Há uma diferença entre reconhecer seus atos e se culpar por coisas fora do seu controle. Se você cresceu em um ambiente violento ou com poucas oportunidades, isso moldou suas condições de vida e suas opções. Reconhecer essa influência é fundamental para entender o contexto de suas escolhas. Ao mesmo tempo, é preciso decidir não ser prisioneiro desse passado.

Parte desse processo envolve aprender a lidar com críticas. Quando as pessoas ao seu redor apontam seus erros, sua primeira reação pode ser defensiva, buscando justificar ou minimizar suas ações. Pratique ouvir sem interrupções e aceite críticas construtivas como oportunidades de crescimento. Isso não significa concordar com tudo o que é dito, mas considerar a perspectiva do outro como uma forma de enxergar aspectos que você talvez não tenha notado.

Ao assumir responsabilidade, é comum sentir o peso das decisões passadas. Momentos de vergonha ou arrependimento podem surgir, mas eles não precisam ser paralisantes. Lembre-se de que o passado é um território fixo — você não pode mudá-lo, mas pode reescrevê-lo simbolicamente por meio de suas ações futuras. Cada decisão consciente que você toma hoje é uma forma de demonstrar que aprendeu com os erros.

Outro aspecto importante desse processo é desenvolver autonomia emocional. Isso significa parar de reagir automaticamente ao que acontece ao seu redor e, em vez disso, refletir sobre como você escolhe responder. Alguém o insultou? Você pode escolher responder com calma ou não responder. Uma oportunidade foi negada? Você pode se frustrar ou decidir procurar outra chance. A responsabilidade emocional é o reconhecimento de que, embora você não controle as ações dos outros, tem pleno controle sobre como elas afetam você.

Ferramentas práticas, como manter um diário de autorreflexão, podem ajudar. Escreva sobre os momentos em que tomou decisões das quais se orgulha e também sobre aqueles que gostaria de ter feito de forma diferente. Isso não apenas cria um registro de suas ações, mas também o ajuda a identificar padrões de comportamento e áreas onde pode melhorar.

Assumir responsabilidade também requer planejamento. Não basta querer mudar; é preciso estruturar essa mudança. Crie metas claras para as áreas da sua vida em que deseja agir de forma mais consciente. Por exemplo, se você costuma ser impulsivo, comprometa-se a pensar antes de reagir. Se evita confrontos necessários, pratique conversas assertivas. Cada pequena mudança reforça sua capacidade de agir de forma responsável.

    Ao final, assumir a responsabilidade não é um fardo, mas uma libertação. É a chance de sair do papel de vítima das circunstâncias e se tornar protagonista de sua própria história. Essa transformação não acontece da noite para o dia, mas cada passo dado nesse caminho fortalece sua autonomia e resiliência. Mais do que tudo, é um ato de respeito consigo mesmo, um compromisso de viver de forma mais consciente, íntegra e alinhada com os valores que você escolhe adotar.

Capítulo 6
Reavaliando Companhias

As pessoas com quem convivemos têm um impacto profundo em nossas vidas, moldando nossas percepções, valores e comportamentos. Nossas companhias podem ser pontes que nos levam a novos horizontes ou âncoras que nos mantêm presos a ciclos destrutivos. Reavaliar os relacionamentos que cultivamos é um passo indispensável na jornada de transformação pessoal. Isso exige coragem, clareza e um compromisso sincero com o crescimento.

Desde cedo, aprendemos a absorver os comportamentos e crenças daqueles que estão ao nosso redor. Isso é especialmente verdade em ambientes onde laços familiares, amizades ou grupos sociais têm grande influência. Se crescemos cercados por exemplos positivos, tendemos a reproduzir esses padrões. No entanto, quando o ambiente é marcado por atitudes negativas ou prejudiciais, esses comportamentos podem se tornar normalizados e difíceis de identificar como problemáticos.

A força da influência social não reside apenas na repetição de exemplos, mas também no desejo humano de pertencimento. Muitas vezes, permanecemos em relacionamentos tóxicos ou estagnados porque tememos o isolamento ou porque nos sentimos culpados por romper laços. Essa necessidade de aceitação pode nos levar a tolerar atitudes que não refletem nossos valores ou objetivos.

Reavaliar suas companhias começa com uma análise honesta. Pergunte-se: Quem são as pessoas mais próximas de mim? Como elas influenciam minhas atitudes, decisões e visão de mundo? Elas me incentivam a crescer ou me prendem a comportamentos que desejo mudar? Esse processo pode trazer respostas desconfortáveis, mas é um passo essencial para alinhar sua vida com os valores que você deseja adotar.

Uma maneira de identificar padrões negativos em suas relações é observar como você se sente após interagir com certas pessoas. Alguns sinais de relações prejudiciais incluem sensação de esgotamento emocional, desvalorização ou uma constante necessidade de justificar suas escolhas. Essas relações frequentemente se baseiam em controle, manipulação ou críticas constantes, criando um ciclo de dependência emocional e estagnação.

No entanto, nem todas as companhias negativas são óbvias. Às vezes, pessoas bem-intencionadas podem agir como âncoras, mantendo você preso ao passado. Elas podem demonstrar resistência às suas mudanças ou tentar convencê-lo de que sua transformação é desnecessária ou impossível. Reconhecer esse tipo de influência sutil exige discernimento e uma avaliação constante de como cada relacionamento contribui para seu bem-estar e progresso.

Reavaliar suas companhias não significa abandonar indiscriminadamente todas as pessoas que têm falhas. Afinal, todos somos imperfeitos, e ninguém pode ser uma fonte de apoio positivo o tempo todo. O objetivo é identificar quais relações têm potencial para crescer e se tornar mais saudáveis, e quais são intrinsecamente prejudiciais. Muitas vezes, a comunicação clara e o estabelecimento de limites podem transformar uma relação problemática em uma fonte de apoio.

Estabelecer limites é um dos aspectos mais desafiadores desse processo. Se alguém constantemente desrespeita seus valores ou tenta minar sua autoconfiança, é necessário comunicar de forma assertiva o que você aceita ou não em sua vida. Isso pode incluir limitar o tempo que passam juntos ou redirecionar conversas para temas mais neutros. Definir limites não é um ato de rejeição, mas uma maneira de proteger sua saúde emocional e seu progresso.

Por outro lado, é importante cultivar e fortalecer laços com pessoas que inspiram e apoiam seu crescimento. Essas relações são construídas com base na reciprocidade, no respeito e na admiração mútua. Elas não precisam ser perfeitas, mas devem oferecer um equilíbrio saudável entre apoio emocional e incentivo ao seu desenvolvimento pessoal. Cercar-se de pessoas com objetivos alinhados aos seus pode ser um catalisador poderoso para a transformação.

Buscar novas conexões é uma maneira prática de diversificar suas influências e encontrar companhias mais positivas. Participar de grupos comunitários, atividades culturais ou programas educacionais pode abrir portas para relacionamentos que refletem os valores que você deseja adotar. Esses ambientes frequentemente reúnem pessoas que compartilham interesses ou aspirações semelhantes, criando oportunidades para trocas construtivas.

Além disso, não subestime o impacto de mentores e modelos positivos em sua vida. Procurar conselhos de pessoas que já passaram por desafios semelhantes ou que demonstram qualidades que você admira pode oferecer uma perspectiva valiosa. Essas figuras, mesmo que não sejam parte de seu círculo íntimo, podem inspirar mudanças profundas e orientar suas escolhas.

O processo de reavaliar companhias pode ser emocionalmente complexo, especialmente quando envolve relações antigas ou familiares. É natural sentir-se dividido entre o desejo de preservar esses laços e a necessidade de proteger seu bem-estar. Em situações assim, é útil lembrar que priorizar sua saúde emocional e seus objetivos não é egoísmo, mas autocuidado. Manter relações que prejudicam sua jornada de transformação apenas perpetua os mesmos ciclos que você está tentando romper.

Por fim, lembre-se de que as relações humanas são dinâmicas. Algumas pessoas podem resistir inicialmente às suas mudanças, mas, ao observar seu comprometimento e progresso, podem começar a apoiá-lo. Outras, infelizmente, podem nunca entender ou aceitar sua transformação. Reconheça que nem todos os relacionamentos são destinados a durar para sempre, e isso faz parte da vida.

Reavaliar suas companhias não é apenas um exercício de exclusão, mas de escolha consciente. É um convite para construir um círculo de apoio que reflita seus valores e objetivos, ajudando-o a crescer em direção à pessoa que deseja se tornar. Ao tomar essa decisão, você não apenas fortalece seu próprio caminho, mas também inspira aqueles ao seu redor a fazer o mesmo. Essa é a força transformadora das relações saudáveis: um ciclo de crescimento mútuo que beneficia a todos os envolvidos.

Capítulo 7
Capacidade de Escolha

A vida é uma sequência de escolhas. Algumas são feitas quase automaticamente, enquanto outras exigem reflexão profunda. Cada decisão, pequena ou grande, molda a direção que seguimos, acumulando-se em padrões que definem nosso presente e, inevitavelmente, nosso futuro. Desenvolver a capacidade de escolher conscientemente é um dos passos mais poderosos na jornada de transformação. Essa habilidade não apenas amplia as possibilidades, mas também devolve ao indivíduo o controle sobre sua própria narrativa.

Muitas vezes, as escolhas que fazemos são influenciadas por forças externas, como emoções intensas, pressões sociais ou crenças limitantes. Nessas situações, a reação imediata tende a assumir o controle, deixando pouco espaço para a análise crítica. Reagir impulsivamente pode parecer a opção mais fácil no momento, mas frequentemente nos conduz a consequências que poderiam ter sido evitadas com um pouco mais de pausa e reflexão.

A capacidade de escolha consciente começa com o reconhecimento do poder que cada decisão carrega. Até mesmo as escolhas aparentemente insignificantes — o tom de voz usado em uma conversa, o caminho escolhido para ir ao trabalho ou a maneira como gastamos um momento de ócio — têm impactos cumulativos. Essas pequenas ações formam a base para os grandes movimentos de transformação em nossas vidas.

Um dos primeiros passos para fortalecer a capacidade de escolher é desacelerar o processo de decisão. Em situações que exigem resposta imediata, como conflitos ou desafios, é útil introduzir uma pausa antes de agir. Essa pausa pode ser tão breve quanto uma respiração profunda, mas cria espaço para que a razão supere o impulso. Perguntar a si mesmo: "Quais são as consequências desta escolha?" pode ser suficiente para redirecionar suas ações de forma mais consciente.

Além disso, é fundamental distinguir entre decisões guiadas por emoções passageiras e aquelas que refletem seus valores e objetivos de longo prazo. Emoções como raiva, medo ou frustração são forças poderosas que podem distorcer sua percepção e levá-lo a escolhas das quais se arrependerá mais tarde. Identificar esses momentos de vulnerabilidade emocional é um passo essencial para recuperar o controle sobre suas decisões.

Desenvolver a capacidade de escolha também exige clareza sobre o que é realmente importante para você. Quais são seus valores fundamentais? Quais objetivos você deseja alcançar? Sem essa visão, é fácil ser levado pelas circunstâncias ou pelas expectativas dos outros. Um exercício prático é criar uma lista de prioridades que sirva como guia para suas decisões. Sempre que estiver diante de uma escolha difícil, pergunte-se: "Esta ação está alinhada com meus valores e metas?"

Outro aspecto essencial é aprender a lidar com a incerteza. Nem todas as escolhas têm garantias de sucesso, e é natural temer os resultados de uma decisão arriscada. No entanto, evitar escolhas por medo do desconhecido é, em si, uma decisão — e muitas vezes a pior. Abrace a ideia de que errar faz parte do processo de aprender e crescer. Cada erro oferece uma oportunidade de ajuste e melhoria.

Técnicas práticas podem ajudar a refinar sua habilidade de escolha. O uso de listas de prós e contras é uma abordagem simples, mas eficaz, para avaliar as opções disponíveis. Outra estratégia é a visualização de cenários futuros. Pergunte-se: "Como eu me sentirei em um mês, um ano ou cinco anos se tomar esta decisão?" Esse tipo de reflexão ajuda a considerar não apenas as consequências imediatas, mas também o impacto duradouro de suas escolhas.

Além disso, adotar práticas que desenvolvam o autocontrole pode fortalecer a capacidade de tomar decisões conscientes. Exercícios de mindfulness, por exemplo, ajudam a treinar sua mente para permanecer presente e focada, reduzindo o impacto de distrações e emoções intensas. A prática regular de meditação ou mesmo momentos de reflexão silenciosa ao longo do dia pode aumentar significativamente sua clareza mental.

Não menos importante é a habilidade de dizer "não". Muitas vezes, as escolhas mais difíceis não são entre o certo e o errado, mas entre o que é bom e o que é melhor para você. Aprender a recusar compromissos, convites ou demandas que não estão alinhados com seus objetivos é uma demonstração de força e maturidade. O "não" assertivo é uma ferramenta indispensável para proteger seu tempo, energia e foco.

Por outro lado, é igualmente vital reconhecer que nem todas as escolhas são definitivas. A vida é dinâmica, e as circunstâncias podem mudar. Revisitar decisões anteriores, quando necessário, não é sinal de fraqueza, mas de flexibilidade e sabedoria. Saber ajustar o curso com base em novas informações ou mudanças nas circunstâncias é uma habilidade valiosa que evita a estagnação.

Ao longo da jornada de desenvolver a capacidade de escolha, lembre-se de celebrar os momentos em que você tomou decisões conscientes e alinhadas com seus valores. Reconhecer esses sucessos reforça sua confiança na habilidade de decidir e o encoraja a continuar refinando esse processo. Cada escolha bem-feita é uma vitória que o aproxima de seus objetivos e fortalece sua autonomia.

Por fim, a capacidade de escolha não é apenas uma ferramenta prática, mas também um símbolo de liberdade. Quando você escolhe de forma consciente, está afirmando que não é um prisioneiro de seu passado, de suas emoções ou das expectativas externas. Você está, em vez disso, reivindicando o papel de autor de sua própria história. E, ao fazer isso, abre caminho para uma vida mais autêntica, significativa e alinhada com quem você realmente deseja ser.

Capítulo 8
Culpa e o Arrependimento

A culpa e o arrependimento são sentimentos profundos, frequentemente difíceis de enfrentar. Eles ecoam como sombras do passado, nos lembrando de erros cometidos, escolhas malfeitas ou caminhos que, em retrospecto, gostaríamos de ter evitado. No entanto, esses sentimentos, quando compreendidos e processados adequadamente, podem se transformar em aliados poderosos na jornada de ressocialização e crescimento. Enfrentar a culpa e o arrependimento é mais do que um exercício emocional; é um ato de libertação.

A culpa, em sua essência, é uma reação emocional ao reconhecimento de que fizemos algo que conflita com nossos valores ou com os valores que aprendemos a respeitar. Embora dolorosa, ela cumpre um papel importante: é um sinal interno de que temos consciência moral. Porém, quando a culpa não é enfrentada de forma saudável, ela pode se transformar em um fardo incapacitante, que corrói a autoestima e perpetua ciclos de autossabotagem.

Já o arrependimento surge quando olhamos para o passado e desejamos ter agido de forma diferente. Ele é uma espécie de espelho retrovisor, refletindo as oportunidades perdidas e os caminhos que poderiam ter levado a desfechos melhores. Assim como a culpa, o arrependimento pode ser uma ferramenta de aprendizado, mas também pode se tornar uma prisão emocional se não for encarado de maneira construtiva.

O primeiro passo para lidar com esses sentimentos é reconhecê-los. Muitas vezes, tentamos ignorar ou reprimir a culpa e o arrependimento porque enfrentá-los parece doloroso demais.

No entanto, evitar essas emoções não as elimina — apenas as enterra mais fundo, onde continuam a influenciar nossas ações de maneira inconsciente. Admitir que você sente culpa ou arrependimento é um ato de coragem e o início de um processo de cura.

Uma estratégia útil para explorar esses sentimentos é a escrita reflexiva. Pegue um papel e descreva, em detalhes, a situação que despertou sua culpa ou arrependimento. Seja honesto consigo mesmo, mas também compassivo. Pergunte-se: O que exatamente aconteceu? Que escolhas você fez? Que fatores influenciaram essas escolhas? Reconstruir a narrativa do evento pode ajudar a trazer clareza e a separar os fatos das emoções.

Também é importante analisar a culpa sob uma nova perspectiva. Muitas vezes, carregamos um peso desproporcional por erros cometidos em situações em que tínhamos pouco controle ou opções limitadas. Pergunte-se: Eu realmente tinha poder sobre o que aconteceu? O que eu sabia ou entendia naquele momento? Essas perguntas podem revelar que, em muitos casos, a culpa que você sente é mais pesada do que deveria ser.

No caso do arrependimento, o foco deve ser redirecionado. Em vez de lamentar as escolhas do passado, concentre-se no que aprendeu com elas. Cada decisão, mesmo as que parecem desastrosas, traz lições valiosas. Pergunte-se: O que essa experiência me ensinou sobre mim mesmo? Como posso usar esse aprendizado para fazer escolhas melhores no futuro? Transformar arrependimento em aprendizado é uma maneira poderosa de recuperar o controle sobre sua narrativa.

A culpa e o arrependimento também podem ser enfrentados por meio da reparação. Sempre que possível, procure corrigir os danos causados por suas ações. Isso pode significar pedir desculpas a alguém que você magoou, consertar um erro prático ou até mesmo agir de forma diferente no futuro para evitar repetir o mesmo padrão. A reparação não apenas alivia o peso emocional, mas também demonstra um compromisso com a mudança.

Entretanto, é fundamental lembrar que nem toda reparação será possível. Há situações em que o tempo passou ou em que as circunstâncias não permitem reconciliação ou correção. Nessas ocasiões, o perdão a si mesmo torna-se indispensável. Reconheça que você é humano, sujeito a falhas, e que o arrependimento é uma prova de que você cresceu e mudou. Perdoar-se não é desculpar suas ações, mas aceitar que o passado não pode ser alterado e que o presente é uma nova oportunidade.

Práticas como a meditação ou exercícios de mindfulness podem ajudar a processar esses sentimentos de maneira mais saudável. Durante a meditação, permita-se sentir a culpa ou o arrependimento sem julgá-los. Reconheça-os como emoções passageiras, e não como definições permanentes de quem você é. Esse distanciamento emocional permite que você lide com essas sensações de maneira mais objetiva.

Outro recurso poderoso é o diálogo. Compartilhar seus sentimentos com alguém em quem você confia — um amigo, mentor ou terapeuta — pode trazer alívio e novas perspectivas. Falar sobre culpa e arrependimento em um ambiente seguro ajuda a desfazer o isolamento emocional que esses sentimentos frequentemente causam.

Enfrente a tentação de usar a culpa como justificativa para não avançar. Muitas pessoas, ao se sentirem sobrecarregadas por erros passados, acreditam que não merecem seguir em frente ou buscar felicidade. Essa ideia é um equívoco. O fato de você reconhecer seus erros e sentir arrependimento é uma prova de que está comprometido com a mudança. Use esse compromisso como motivação para construir um futuro mais alinhado com seus valores.

Culpa e arrependimento, quando enfrentados e processados, tornam-se catalisadores para o crescimento. Eles deixam de ser correntes que o prendem ao passado e se transformam em degraus que o elevam a uma nova compreensão de si mesmo. Ao aceitar essas emoções como parte da jornada humana, você se permite aprender com elas, libertando-se para viver uma vida mais consciente e intencional. Essa transformação não é apenas possível — é o próximo passo para uma existência mais plena e autêntica.

Capítulo 9
Novas Metas de Vida

Traçar novas metas de vida é mais do que um exercício de planejamento; é um ato de recomeço. Quando alguém decide transformar sua realidade, estabelecer objetivos claros se torna uma ferramenta essencial para direcionar esforços, manter a motivação e construir um caminho alinhado aos seus valores. Metas bem definidas funcionam como um mapa, orientando cada passo rumo a uma existência mais plena e significativa. Sem elas, o progresso pode parecer incerto, e o risco de voltar a padrões antigos aumenta.

O primeiro passo para estabelecer novas metas é avaliar honestamente onde você está agora. Esse processo começa com perguntas simples, mas poderosas: Que aspectos da minha vida me trazem satisfação? Quais áreas precisam de mudanças? Onde eu quero estar em um, cinco ou dez anos? Essa reflexão inicial ajuda a identificar prioridades e a definir o foco para os próximos passos.

Após essa análise, é importante transformar suas aspirações em objetivos concretos. Metas como "quero ser uma pessoa melhor" ou "quero mudar de vida" são inspiradoras, mas vagas demais. Para serem eficazes, os objetivos precisam ser claros, específicos e mensuráveis. Um método útil é o modelo SMART, que sugere que as metas sejam **S**pecíficas (específicas), **M**ensuráveis, **A**tingíveis, **R**elevantes e **T**emporais.

Por exemplo, em vez de definir "quero estudar mais", uma meta SMART seria: "Quero concluir um curso de capacitação em carpintaria nos próximos seis meses, dedicando duas horas por dia ao estudo". Essa especificidade transforma uma ideia abstrata em uma ação prática e alcançável. Quando cada meta vem acompanhada de um prazo e um plano de ação, ela deixa de ser apenas um desejo e se torna um compromisso.

Entretanto, definir metas não é suficiente. É essencial entender por que essas metas são importantes para você. O propósito por trás de cada objetivo é o que mantém a motivação mesmo diante de obstáculos. Pergunte-se: Por que quero alcançar isso? Como isso contribui para a vida que desejo construir? Um propósito claro ajuda a enfrentar os momentos de dúvida e cansaço.

Outro ponto crucial é dividir suas metas maiores em etapas menores e mais gerenciáveis. Objetivos grandiosos podem parecer intimidantes à primeira vista, mas, quando quebrados em pequenas tarefas, tornam-se mais fáceis de alcançar. Por exemplo, se sua meta é economizar dinheiro para abrir um negócio, comece listando ações simples, como criar um orçamento semanal, identificar gastos desnecessários ou pesquisar fontes de financiamento.

É igualmente importante celebrar as pequenas conquistas ao longo do caminho. Cada etapa concluída é um lembrete de que o progresso está acontecendo, mesmo que aos poucos. Esses momentos de celebração reforçam a motivação e constroem uma sensação de realização, que é fundamental para manter o ritmo.

No entanto, é natural que desafios e contratempos surjam durante o percurso. É aqui que a flexibilidade se torna uma habilidade valiosa. Não confunda flexibilidade com desistência. Ajustar suas metas quando necessário não significa fracasso, mas sim adaptação às circunstâncias. Se você enfrenta um obstáculo inesperado, pergunte-se: O que posso fazer diferente para continuar avançando? Essa abordagem proativa mantém você no caminho certo, mesmo quando o plano original precisa ser revisado.

Além disso, compartilhar suas metas com pessoas de confiança pode aumentar suas chances de sucesso. Ter um sistema de apoio, seja na forma de amigos, mentores ou grupos com interesses semelhantes, cria uma rede de incentivo e responsabilidade mútua. Essas conexões podem oferecer feedback construtivo, encorajamento e, às vezes, um empurrãozinho necessário em momentos de desânimo.

Outro aspecto importante ao estabelecer novas metas é alinhar essas ambições aos seus valores mais profundos. Metas que refletem quem você realmente é — e não apenas o que espera agradar aos outros ou seguir padrões sociais — têm maior probabilidade de sucesso. Pergunte-se: Esta meta está alinhada com o que eu acredito e valorizo? O objetivo de uma meta não deve ser apenas alcançar algo tangível, mas também promover um senso de propósito e bem-estar.

Uma vez que suas metas estejam claras, crie um plano de acompanhamento. Revisite seus objetivos regularmente, avalie seu progresso e ajuste suas estratégias, se necessário. Esse hábito não apenas mantém você focado, mas também permite identificar padrões de comportamento que podem estar ajudando ou dificultando sua jornada. Um diário ou aplicativo de planejamento pode ser uma ferramenta útil para monitorar suas realizações.

Também é essencial que suas metas incluam aspectos de equilíbrio. A transformação pessoal não acontece apenas em uma área da vida. Considere metas relacionadas ao trabalho, relacionamentos, saúde e bem-estar emocional. Um plano equilibrado garante que você cresça de forma integral, sem negligenciar partes importantes de sua existência.

Por fim, lembre-se de que o processo de estabelecer e perseguir metas é uma jornada contínua. Não existe um ponto final absoluto; alcançar uma meta frequentemente leva à descoberta de novos objetivos e aspirações. Isso não é um sinal de insatisfação, mas sim de evolução. Cada passo dado fortalece sua capacidade de sonhar maior e de realizar mais.

Estabelecer novas metas de vida é como traçar um curso em direção a um futuro renovado. Com clareza, propósito e ação consistente, você pode transformar até mesmo os sonhos mais distantes em realidades alcançáveis. Mais do que isso, a prática de definir e perseguir objetivos proporciona um senso de controle e realização que o acompanhará em cada etapa de sua jornada.

Quando você define suas metas, está não apenas construindo um novo destino, mas também reivindicando sua capacidade de viver de forma intencional e significativa.

Capítulo 10
Ciclos de Violência

A violência, seja física, verbal ou emocional, é um ciclo que se perpetua de forma quase imperceptível, especialmente em ambientes onde ela é vista como uma reação natural ou inevitável. Romper com esse padrão é uma das mudanças mais desafiadoras e transformadoras que uma pessoa pode realizar. Esse rompimento não é apenas sobre deixar de praticar atos violentos, mas também sobre reavaliar as raízes da violência e substituí-la por formas saudáveis e construtivas de lidar com conflitos e emoções.

A violência geralmente é aprendida no ambiente em que crescemos. Um lar onde gritos, ofensas ou agressões são comuns ensina, mesmo que indiretamente, que essa é uma maneira aceitável de resolver problemas ou expressar sentimentos. Em contextos sociais mais amplos, como comunidades afetadas por desigualdades e tensões constantes, a violência pode ser percebida como uma ferramenta de sobrevivência. Esses cenários criam uma normalização do comportamento violento, dificultando sua identificação como algo destrutivo.

O primeiro passo para romper com o ciclo da violência é reconhecer como ela se manifesta em sua vida. A violência nem sempre é explícita; pode surgir em gestos, palavras e atitudes que, à primeira vista, parecem inofensivas. Pergunte-se: Como eu reajo quando estou frustrado, magoado ou desafiado? Minhas palavras e ações ferem os outros, mesmo que não fisicamente? Refletir sobre essas questões exige coragem, mas é fundamental para a transformação.

É igualmente importante entender as causas subjacentes da violência. Muitas vezes, ela é um reflexo de emoções mal gerenciadas, como raiva, medo ou frustração. Quando essas emoções se acumulam sem serem processadas, elas encontram uma saída em comportamentos explosivos ou agressivos. Reconhecer esses gatilhos emocionais é um passo essencial para desativar o ciclo antes que ele se manifeste.

Uma ferramenta eficaz para lidar com esses gatilhos é a prática de autocontrole. Isso não significa reprimir suas emoções, mas aprender a responder a elas de maneira consciente. Técnicas simples, como a respiração profunda ou contar até dez antes de reagir, podem ajudar a interromper a escalada de um conflito. Essas pausas criam espaço para que você avalie a situação de forma mais racional e escolha uma resposta diferente.

Além disso, é necessário substituir comportamentos violentos por formas construtivas de comunicação. A comunicação não-violenta, por exemplo, é uma abordagem que incentiva a expressão de necessidades e sentimentos de maneira clara, mas sem agressividade. Em vez de acusar ou atacar, ela convida à colaboração e ao entendimento mútuo. Essa prática não apenas reduz a tensão nos relacionamentos, mas também promove conexões mais saudáveis e autênticas.

Romper com o ciclo da violência também implica em lidar com possíveis raízes mais profundas, como traumas passados. Muitas pessoas que exibem comportamentos violentos foram vítimas de violência em algum momento de suas vidas. Esses traumas podem gerar uma sensação de impotência, levando a reações agressivas como uma forma de retomar o controle. Buscar ajuda profissional, como terapia, pode ser essencial para processar essas experiências e curar feridas emocionais.

Outro aspecto importante é aprender a reconhecer a violência nos outros e estabelecer limites claros. Se você vive ou trabalha em ambientes onde a violência é comum, é fundamental proteger sua integridade emocional e física. Isso pode significar afastar-se de certas pessoas ou situações, ou, em casos mais graves, buscar apoio em instituições ou redes de proteção.

Romper com o ciclo da violência não se limita ao que você faz, mas também ao que você permite.

A adoção de práticas que promovam a paz interior é uma maneira poderosa de reforçar essa transformação. Meditação, atividades físicas regulares e hobbies que envolvam criatividade são ferramentas que ajudam a reduzir o estresse e aumentar o autocontrole. Quando você está em equilíbrio, é menos provável que reaja impulsivamente a situações desafiadoras.

É importante lembrar que romper com o ciclo da violência não significa ausência total de conflitos. Conflitos são inevitáveis e fazem parte das interações humanas. O que muda é a maneira como você escolhe lidar com eles. Em vez de reagir com agressividade, você aprende a abordar os problemas com empatia, diálogo e soluções colaborativas.

Uma abordagem prática para avaliar seu progresso é manter um diário de autorreflexão. Registre situações em que você enfrentou conflitos e analise como reagiu. Quais estratégias funcionaram? O que poderia ser feito de maneira diferente? Esse hábito ajuda a identificar padrões e a fortalecer comportamentos positivos ao longo do tempo.

Romper com o ciclo da violência também pode inspirar mudanças em outras pessoas. Quando você escolhe reagir de maneira pacífica e respeitosa, mesmo em situações difíceis, oferece um exemplo poderoso de como é possível lidar com conflitos de forma construtiva. Aos poucos, essa atitude pode influenciar aqueles ao seu redor a adotar posturas semelhantes, criando um impacto que vai além de você.

Por fim, lembre-se de que essa transformação é um processo, e não um evento único. Levará tempo e esforço para desconstruir hábitos arraigados e adotar novas formas de agir. Haverá momentos em que você poderá escorregar, mas cada tentativa de corrigir o curso é um passo à frente. A compaixão consigo mesmo e o compromisso com a mudança são seus maiores aliados.

Romper com ciclos de violência é um ato de coragem e amor — amor por si mesmo, pelos outros e pelo futuro que você deseja construir. Quando você escolhe a paz no lugar do conflito, está abrindo caminho para relacionamentos mais saudáveis, uma vida mais equilibrada e uma sociedade mais justa. É nesse compromisso com a mudança que reside o verdadeiro poder de transformar sua realidade e de contribuir para um mundo melhor.

Capítulo 11
Estigma Social

A reintegração à sociedade após experiências desafiadoras, como cometer um crime ou viver em ambientes marginalizados, muitas vezes vem acompanhada do peso do estigma social. O julgamento externo pode ser avassalador, reforçando sentimentos de exclusão, vergonha e até desesperança. Entretanto, superar o estigma social é possível quando se adota uma abordagem consciente e resiliente. Este processo não é apenas uma questão de lidar com os preconceitos alheios, mas também de reconfigurar a relação com a própria identidade e valor pessoal.

O estigma social frequentemente nasce do desconhecimento e da generalização. Ele se apoia em estereótipos que reduzem as complexidades humanas a rótulos simplistas, como "ex-presidiário", "fracassado" ou "problemático". Esses rótulos desconsideram o contexto e as histórias individuais, ignorando as lutas e transformações que cada pessoa enfrenta. Para superar esse tipo de preconceito, é crucial que você, antes de mais nada, rejeite esses rótulos internamente. Eles não definem quem você é ou quem pode se tornar.

A superação do estigma começa com a reconstrução da autoestima. O estigma só tem poder quando encontra um eco de dúvida dentro de você. É necessário reforçar a percepção de que sua trajetória não é definida pelos erros passados, mas pelas escolhas presentes. Reconheça as mudanças que já realizou e as conquistas, por menores que pareçam. Este é um passo fundamental para que você se veja como alguém capaz de se reinventar, independentemente do que os outros pensam.

Uma maneira prática de trabalhar essa reconstrução interna é manter um diário de autorreflexão, onde você registra suas conquistas diárias e os momentos em que se sentiu desafiado, mas agiu de maneira diferente do esperado. Revisitando essas anotações, você fortalecerá a crença em seu progresso e criará uma narrativa mais positiva sobre si mesmo.

É igualmente importante aprender a lidar com críticas e julgamentos de forma construtiva. Quando confrontado com atitudes preconceituosas, mantenha a calma e lembre-se de que o preconceito reflete mais sobre quem o expressa do que sobre você. Em vez de reagir com raiva ou frustração, use essas oportunidades como momentos para demonstrar a pessoa em que está se tornando. Responder com serenidade e assertividade pode desconstruir preconceitos e abrir espaço para o diálogo.

Ao mesmo tempo, há situações em que o silêncio também é poderoso. Nem todo julgamento precisa ser respondido. Avalie cuidadosamente quando vale a pena engajar-se em uma conversa e quando é melhor preservar sua energia emocional. Lembre-se de que seu valor não depende da aprovação dos outros, mas do esforço que você dedica à sua própria transformação.

Construir uma rede de apoio confiável é outro aspecto crucial para superar o estigma social. Cercar-se de pessoas que acreditam em você e no seu potencial cria um ambiente de reforço positivo. Isso pode incluir amigos, familiares ou até novos conhecidos em ambientes comunitários ou de apoio mútuo. Essas conexões oferecem um espaço seguro onde você pode ser autêntico e se sentir aceito.

Além do apoio pessoal, conectar-se a comunidades que promovam a inclusão e a ressocialização pode ser transformador. Procure grupos ou organizações que trabalhem com educação, voluntariado ou reintegração social. Participar ativamente dessas iniciativas não apenas fortalece sua autoestima, mas também mostra ao mundo que você está comprometido com uma nova trajetória.

Superar o estigma social também envolve mostrar, através de ações consistentes, que você é muito mais do que seu passado.

Concentre-se em pequenos passos que demonstrem sua evolução, seja ao ajudar outras pessoas, cumprir compromissos ou perseguir metas educacionais e profissionais. Cada ato de responsabilidade e dedicação é uma resposta prática às expectativas negativas que outros possam ter.

Embora o preconceito externo seja uma barreira real, o maior obstáculo muitas vezes está dentro de você: o medo de falhar novamente. Esse medo pode ser paralisante, mas precisa ser enfrentado com coragem. Reconheça que o estigma social é um desafio a ser superado, mas não uma sentença intransponível. Você tem a capacidade de mudar as percepções — tanto as suas quanto as alheias — com determinação e persistência.

Um exercício útil é imaginar sua vida daqui a um ano ou cinco anos, caso mantenha o compromisso com seu progresso. Visualize as relações que deseja cultivar, os trabalhos ou projetos que deseja realizar e o impacto positivo que pode ter na vida dos outros. Use essa visão como motivação para continuar avançando, mesmo quando encontrar resistência.

Por fim, lembre-se de que o estigma social não pode apagar sua essência ou potencial. O que os outros pensam de você é apenas uma pequena parte da equação; o que realmente importa é como você escolhe responder a isso. Sua história de superação é uma prova de resiliência e coragem, e essas qualidades têm o poder de transformar não apenas sua vida, mas também a maneira como o mundo à sua volta enxerga a possibilidade de mudança.

Capítulo 12
Trabalho e da Educação

O trabalho e a educação são pilares fundamentais na construção de uma vida estável e significativa. Eles não apenas oferecem meios para alcançar independência financeira, mas também fornecem propósito, estrutura e oportunidades de crescimento pessoal. Para quem está em processo de ressocialização, investir nessas áreas é um passo essencial para romper ciclos de exclusão e construir um futuro mais equilibrado.

O trabalho, em sua essência, é mais do que uma forma de sustento; é uma oportunidade de se reconectar com o mundo. Ele traz um senso de pertencimento e utilidade, permitindo que você contribua para algo maior do que si mesmo. Já a educação, por outro lado, expande horizontes e abre portas que muitas vezes pareciam fechadas. Ambas as áreas, quando trabalhadas em conjunto, criam uma base sólida para a transformação.

Entretanto, muitas pessoas enfrentam barreiras significativas ao tentar ingressar no mercado de trabalho ou voltar aos estudos, especialmente após experiências de marginalização ou exclusão. Essas barreiras podem incluir falta de qualificação, preconceito social ou baixa autoestima. O primeiro passo para superar esses obstáculos é reconhecer que o trabalho e a educação são direitos, não privilégios exclusivos de alguns. A mudança começa com a disposição de buscar oportunidades, mesmo em cenários desafiadores.

Para se inserir no mercado de trabalho, é fundamental identificar suas habilidades e pontos fortes. Reflita sobre experiências passadas, formais ou informais, que podem ser úteis em um contexto profissional. Talvez você tenha desenvolvido habilidades manuais, aptidões organizacionais ou capacidades de resolver problemas em situações do cotidiano. Liste essas competências e considere como elas podem ser aplicadas em diferentes profissões.

Além disso, esteja aberto ao aprendizado contínuo. Cursos técnicos, oficinas e programas de capacitação são excelentes maneiras de adquirir novas habilidades ou atualizar conhecimentos. Muitas dessas oportunidades estão disponíveis gratuitamente ou a preços acessíveis, especialmente em programas governamentais ou organizações comunitárias. A busca por qualificação não apenas melhora suas chances de empregabilidade, mas também demonstra comprometimento e resiliência.

Durante a busca por emprego, é comum enfrentar rejeições ou preconceitos. Esses momentos, embora desafiadores, não devem ser vistos como sinais de fracasso, mas como etapas de um processo. Prepare-se para entrevistas com confiança, destacando suas qualidades e sua disposição para aprender. Se houver lacunas no histórico profissional, seja honesto, mas foque na sua trajetória de superação e nos passos que está tomando para criar um novo futuro.

A educação, assim como o trabalho, é uma ferramenta transformadora. Engajar-se em estudos, mesmo que inicialmente em níveis básicos, abre portas para o autoconhecimento e o desenvolvimento de habilidades críticas. Além disso, o ambiente educacional oferece oportunidades de interagir com pessoas que compartilham objetivos semelhantes, criando redes de apoio e inspiração.

Se retornar à educação formal parecer intimidador, comece com metas menores, como aprender uma nova habilidade online, participar de cursos livres ou buscar recursos em bibliotecas. À medida que se sentir mais confiante, considere inscrever-se em programas de alfabetização, ensino médio ou cursos técnicos. A educação não é um caminho linear; cada passo dado é uma vitória que contribui para um progresso maior.

Para aqueles que já possuem algum nível de qualificação, o desafio pode ser encontrar maneiras de utilizá-la de forma eficaz. Explore setores ou áreas que estejam em alta demanda, ajustando suas habilidades às necessidades do mercado. Em muitos casos, é possível reorientar a experiência existente para novos contextos, ampliando as opções disponíveis.

O apoio de mentores ou redes de suporte também pode ser decisivo. Encontrar alguém que acredite no seu potencial e ofereça orientação prática ajuda a superar barreiras emocionais e técnicas. Procure por grupos locais ou online que promovam programas de mentoria, educação e colocação profissional. Essas conexões podem fornecer insights valiosos e motivação para continuar.

Outro ponto importante é o equilíbrio entre trabalho e educação. Se for necessário conciliar ambos, organize seu tempo de maneira realista, priorizando metas alcançáveis. Embora a jornada possa ser exaustiva, cada esforço é um investimento em seu futuro. Lembre-se de que o progresso ocorre gradualmente e que cada etapa concluída o aproxima de seus objetivos.

O trabalho e a educação também têm um impacto profundo na autoestima. Cada conquista, seja na obtenção de um emprego ou na conclusão de um curso, reforça sua confiança e mostra que a mudança é possível. Reconheça e celebre esses marcos, por menores que possam parecer, pois eles representam sua determinação em construir uma nova vida.

Além disso, considere como suas conquistas podem beneficiar não apenas você, mas também aqueles ao seu redor. Tornar-se um modelo positivo para familiares, amigos ou membros da comunidade cria um efeito multiplicador de transformação. Sua jornada pode inspirar outros a buscar suas próprias mudanças, ampliando o impacto de seus esforços.

Lembre-se de que tanto o trabalho quanto a educação são processos contínuos. Eles exigem dedicação, paciência e resiliência, mas oferecem recompensas duradouras. Cada novo aprendizado, cada novo desafio superado, constrói um alicerce mais sólido para a vida que você deseja criar. Ao investir nessas áreas, você não está apenas melhorando suas condições materiais, mas também fortalecendo sua identidade e propósito.

    O trabalho e a educação não são apenas meios para um fim; são caminhos que ajudam a revelar quem você realmente é e o que é capaz de alcançar. Ao abraçar essas oportunidades, você se coloca no controle de sua história, provando que o passado não define o futuro. Com dedicação e coragem, é possível transformar qualquer circunstância em uma base para um futuro mais brilhante e cheio de possibilidades.

Capítulo 13
Resiliência

Resiliência é a capacidade de se recuperar das adversidades, enfrentar os desafios com coragem e seguir em frente, mesmo diante das dificuldades. Para quem busca ressocialização e transformação pessoal, ela é um elemento essencial. Não se trata de evitar problemas ou ignorar as emoções negativas, mas de construir uma mentalidade que permita atravessar tempestades e emergir mais forte.

A vida, inevitavelmente, apresenta situações que testam nossos limites. Perdas, rejeições, fracassos e injustiças podem parecer insuperáveis no momento em que ocorrem, mas a resiliência oferece uma perspectiva mais ampla: cada obstáculo carrega em si a semente do aprendizado. Reconhecer esse potencial transformador nas dificuldades é o primeiro passo para cultivar a resiliência.

Resiliência não é uma característica inata; ela pode ser desenvolvida e aprimorada. Tudo começa com a consciência de que você não está preso às circunstâncias. Por mais desafiadoras que sejam as situações externas, é sua resposta interna que determina o impacto real delas em sua vida. Essa ideia não minimiza as dores ou dificuldades, mas reforça seu poder de escolha diante delas.

O autoconhecimento é uma das bases da resiliência. Entender suas emoções, identificar padrões de pensamento e reconhecer os gatilhos que provocam reações negativas são passos fundamentais para criar uma base sólida. Pergunte a si mesmo: "O que esta situação está tentando me ensinar? Como posso reagir de forma diferente para crescer a partir dela?" Essas perguntas ajudam a transformar momentos de crise em oportunidades de reflexão e fortalecimento.

Outro componente vital da resiliência é o suporte emocional. Nenhum ser humano é uma ilha, e buscar apoio não é sinal de fraqueza, mas de força. Amigos, familiares ou até mesmo grupos de apoio podem oferecer perspectiva e encorajamento quando você mais precisa. Se sentir que não tem ninguém em quem confiar, considere buscar ajuda profissional. Um terapeuta ou conselheiro pode ajudá-lo a processar emoções e desenvolver estratégias práticas para enfrentar desafios.

A gratidão também desempenha um papel significativo no fortalecimento da resiliência. Embora possa parecer difícil encontrar algo para agradecer durante momentos difíceis, praticar a gratidão regularmente ajuda a mudar o foco das perdas para as bênçãos. Comece listando, diariamente, três coisas pelas quais é grato, mesmo que sejam pequenas, como um sorriso recebido, um alimento que gostou ou um momento de tranquilidade. Com o tempo, essa prática treina sua mente a buscar o positivo em meio ao caos.

A construção da resiliência também envolve criar uma mentalidade de aprendizado contínuo. Fracassos e erros são inevitáveis, mas não precisam ser definitivos. Quando algo dá errado, pergunte-se: "O que posso aprender com isso? O que eu faria diferente da próxima vez?" Esse tipo de reflexão evita que os erros sejam vistos como fins de linha e os transforma em degraus para o crescimento.

Além disso, cuidar do corpo é essencial para fortalecer a mente. A conexão entre saúde física e resiliência emocional não pode ser ignorada. Praticar exercícios regularmente, manter uma dieta equilibrada e priorizar o sono são ações que ajudam a criar uma base biológica para lidar com o estresse. Quando seu corpo está bem, sua mente é mais capaz de enfrentar os desafios.

Outra ferramenta poderosa para cultivar resiliência é a visualização positiva. Dedique alguns minutos do seu dia para imaginar-se superando um desafio específico. Visualize-se calmo, confiante e vitorioso, enfrentando a situação com habilidade e saindo dela mais forte. Essa prática não apenas aumenta sua confiança, mas também prepara sua mente para lidar melhor com situações reais.

Aceitar que algumas coisas estão fora do seu controle também é um passo importante. Muitas vezes, gastamos energia tentando mudar o que não pode ser alterado, enquanto negligenciamos o que está ao nosso alcance. Identifique o que você pode controlar — como suas ações, pensamentos e reações — e concentre-se nisso. Ao mesmo tempo, aprenda a deixar ir o que está além do seu poder.

Para aqueles que já enfrentaram grandes adversidades, reconhecer as vitórias conquistadas é uma forma de reforçar a resiliência. Lembre-se de momentos em que superou algo difícil. O que você fez para atravessar aquela situação? Quais recursos internos utilizou? Reconhecer essas experiências fortalece sua crença de que pode enfrentar futuros desafios.

A espiritualidade, independentemente de estar ligada a uma religião específica ou a uma prática pessoal, também pode ser uma fonte poderosa de resiliência. Conectar-se a algo maior — seja através da fé, meditação ou contemplação da natureza — ajuda a colocar os desafios em perspectiva, oferecendo conforto e inspiração para seguir em frente.

Entenda que a resiliência é um processo contínuo. Não é algo que você adquire de uma vez por todas, mas sim uma habilidade que cresce com o tempo e a prática. Haverá momentos em que você se sentirá abatido, mas esses momentos não anulam sua capacidade de se recuperar. O importante é continuar tentando, aprendendo e avançando.

Fortalecer a resiliência não significa eliminar os desafios da vida, mas aprender a navegar por eles com mais confiança e equilíbrio. É a habilidade de transformar quedas em saltos, erros em lições e dificuldades em oportunidades. Quando você escolhe desenvolver essa capacidade, está não apenas se preparando para enfrentar o que vier, mas também construindo uma base sólida para um futuro mais resiliente e gratificante.

Capítulo 14
Viver em Sociedade

Reintegrar-se à sociedade após um período de exclusão ou isolamento é um processo tão desafiador quanto essencial. Viver em comunidade requer habilidades que, por vezes, podem parecer distantes ou esquecidas, especialmente quando a trajetória de vida foi marcada por conflitos, rejeições ou desconexões. Contudo, é possível reaprender a viver em sociedade e construir relações saudáveis, baseadas na empatia, no respeito mútuo e na cooperação.

A primeira etapa para reaprender a conviver em sociedade é reconhecer que todos os indivíduos, independentemente de seu passado, têm o direito de ocupar seu espaço no mundo. Carregar consigo sentimentos de culpa ou vergonha pode dificultar esse processo, criando barreiras invisíveis que o afastam de oportunidades de conexão. O ponto de partida é aceitar sua jornada como parte de quem você é, mas não como uma limitação para quem você pode se tornar.

Viver em sociedade exige o desenvolvimento de habilidades interpessoais. Essas habilidades vão desde o aprendizado de ouvir com atenção até a capacidade de expressar suas ideias e sentimentos de forma clara e respeitosa. A escuta ativa, por exemplo, é uma prática que transforma a comunicação. Quando você ouve atentamente, sem interromper ou julgar, demonstra respeito e interesse genuíno pelo outro, fortalecendo os laços de confiança.

Além de ouvir, é importante aprender a comunicar-se assertivamente. Isso significa encontrar um equilíbrio entre expressar suas necessidades e respeitar as necessidades dos outros. Evite comportamentos passivo-agressivos ou respostas impulsivas que possam criar mal-entendidos. Se sentir dificuldade nesse aspecto, pratique a formulação de frases como: "Eu me sinto [emoção] quando [situação ocorre], porque [razão]. Podemos trabalhar juntos para resolver isso?"

Outro aspecto central da convivência social é a empatia. Ser empático não significa concordar com tudo, mas esforçar-se para compreender o ponto de vista do outro. Essa habilidade reduz conflitos e cria um ambiente onde as pessoas se sentem seguras para compartilhar suas experiências. Pratique a empatia colocando-se no lugar de alguém com quem discorda, imaginando os desafios ou emoções que possam estar por trás de sua perspectiva.

Viver em sociedade também implica lidar com diferenças. Crenças, valores e estilos de vida variam amplamente, e aprender a respeitar essas diferenças é um sinal de maturidade emocional. Reconheça que a diversidade enriquece as interações e expande sua visão de mundo. Em vez de ver as diferenças como ameaças, encare-as como oportunidades de aprendizado.

Reconstruir relações muitas vezes significa enfrentar as marcas do passado. Laços rompidos ou desgastados podem ser restaurados, mas isso exige esforço e paciência. Comece com pequenos gestos: uma mensagem, um pedido de desculpas sincero ou um convite para conversar. Reconheça que nem todas as tentativas serão bem-sucedidas, mas cada esforço demonstra seu compromisso com a reconexão.

No processo de ressocialização, encontrar um ambiente acolhedor é crucial. Grupos comunitários, projetos de voluntariado ou associações com interesses comuns podem ser excelentes pontos de partida. Esses espaços não apenas oferecem a chance de construir novas amizades, mas também promovem um senso de pertencimento. Escolha ambientes alinhados aos seus valores e metas, onde possa crescer e contribuir de forma significativa.

Se envolver em atividades coletivas, como esportes, artes ou encontros culturais, também é uma forma de fortalecer os laços sociais. Essas experiências promovem a colaboração, ajudam a aliviar o estresse e criam oportunidades para interações espontâneas. Cada nova interação é uma chance de exercitar suas habilidades sociais e construir relacionamentos autênticos.

É importante lembrar que viver em sociedade é uma via de mão dupla. Assim como você busca aceitação e apoio, também deve estar disposto a oferecer o mesmo aos outros. Pratique pequenos atos de bondade, como ajudar alguém em necessidade, elogiar genuinamente ou demonstrar gratidão. Essas ações não apenas beneficiam quem as recebe, mas também fortalecem sua conexão com a comunidade.

Durante esse processo, você inevitavelmente enfrentará desafios. Rejeições, conflitos e mal-entendidos fazem parte das interações humanas. Quando isso acontecer, não desista. Use essas experiências como oportunidades de aprendizado. Pergunte-se: "O que posso fazer diferente na próxima vez?" ou "Como posso transformar essa situação em um passo adiante?"

Estabelecer limites saudáveis também é fundamental. Nem todas as relações serão positivas, e saber identificar comportamentos tóxicos é uma habilidade essencial para preservar seu bem-estar emocional. Se alguém constantemente desrespeita seus limites, manipula ou critica de forma destrutiva, considere reduzir ou encerrar essa interação. Viver em sociedade não significa aceitar tudo; significa escolher onde e como investir sua energia.

Por fim, a paciência é indispensável. Ressocializar-se é um processo gradual, que exige tempo para adaptação e crescimento. Não se cobre por resultados imediatos e celebre cada pequeno progresso. Reflita sobre o quanto avançou e use essas reflexões como combustível para continuar.

Reaprender a viver em sociedade é, acima de tudo, um ato de coragem e esperança. Cada nova interação, cada conexão estabelecida, é um tijolo na construção de uma vida mais equilibrada e significativa. Ao se abrir para o mundo e se permitir fazer parte dele, você não apenas enriquece sua própria experiência, mas também contribui para uma sociedade mais empática e acolhedora.

Capítulo 15
Impulsos e Reações

A impulsividade é uma característica que pode levar a escolhas precipitadas, comportamentos destrutivos e, muitas vezes, arrependimentos. Controlar impulsos e reações é uma habilidade fundamental para quem deseja transformar sua vida e construir relacionamentos mais saudáveis. Trata-se de aprender a agir com consciência em vez de reagir automaticamente às emoções ou situações que surgem.

As reações impulsivas geralmente têm raízes em mecanismos de defesa ou em padrões emocionais estabelecidos ao longo da vida. Elas podem surgir de sentimentos intensos, como raiva, frustração ou medo, e frequentemente se manifestam como respostas automáticas: gritar, tomar decisões precipitadas ou até mesmo agir de maneira agressiva. No entanto, é possível reverter esse padrão e desenvolver respostas mais ponderadas e construtivas.

O primeiro passo para controlar impulsos é reconhecer os gatilhos que os acionam. Esses gatilhos podem ser pessoas, situações ou até mesmo pensamentos que provocam reações automáticas. Reflita sobre momentos em que agiu de forma impulsiva e pergunte-se: "O que eu estava sentindo?", "O que me levou a agir dessa maneira?" e "Como essa reação me afetou e afetou os outros?" Identificar esses padrões é essencial para começar a transformá-los.

Após identificar os gatilhos, o próximo passo é aprender a criar uma pausa entre o estímulo e a resposta. Essa pausa, por menor que seja, é um momento poderoso de autoconsciência. Quando confrontado com uma situação que desperta impulsos, respire profundamente algumas vezes antes de agir. Essa prática simples desacelera o ritmo cardíaco, acalma a mente e permite que você reflita antes de tomar qualquer decisão.

A respiração consciente é uma ferramenta prática e acessível para controlar reações emocionais. Técnicas como a respiração 4-7-8, que envolve inspirar por 4 segundos, segurar a respiração por 7 segundos e expirar lentamente por 8 segundos, ajudam a reduzir a intensidade emocional no momento e aumentam sua capacidade de pensar com clareza. Incorporar essa prática em sua rotina diária também fortalece sua capacidade de autocontrole.

Além disso, o uso da contagem regressiva pode ser eficaz. Quando sentir o impulso de reagir, conte de 10 a 1 em silêncio ou mentalmente. Essa técnica oferece tempo para que a emoção inicial diminua, permitindo que você escolha uma resposta mais equilibrada e apropriada.

Desenvolver a habilidade de reestruturação cognitiva é outra estratégia poderosa. Muitas vezes, reações impulsivas são alimentadas por pensamentos automáticos negativos, como "Eles estão me desrespeitando" ou "Eu preciso resolver isso agora". Questionar esses pensamentos pode ajudar a reduzir sua intensidade. Pergunte-se: "Essa interpretação é realmente verdadeira?", "Eu posso ver essa situação de outra maneira?" ou "Qual seria a melhor maneira de lidar com isso a longo prazo?"

Praticar a empatia também ajuda a controlar impulsos, especialmente em situações de conflito. Coloque-se no lugar da outra pessoa e tente entender suas intenções e emoções. Isso não significa justificar comportamentos inadequados, mas criar uma perspectiva mais ampla que permita uma resposta menos reativa e mais estratégica.

O autocuidado desempenha um papel crucial no controle de impulsos. Estresse, cansaço e fome podem aumentar a probabilidade de reações impulsivas. Garantir que suas necessidades básicas estejam atendidas — como dormir o suficiente, alimentar-se bem e cuidar de sua saúde mental — fortalece sua capacidade de gerenciar emoções e comportamentos.

Além disso, cultivar práticas regulares de relaxamento, como meditação ou yoga, pode treinar sua mente para lidar com situações desafiadoras de maneira mais tranquila. Essas práticas ajudam a aumentar a autoconsciência e a criar uma base emocional mais estável, tornando mais fácil responder conscientemente em vez de reagir impulsivamente.

Outro recurso útil é criar um "plano de resposta" para situações que você sabe que podem ser desafiadoras. Antecipe como você pode se sentir e planeje formas construtivas de lidar com esses sentimentos. Por exemplo, se você sabe que uma discussão com alguém específico tende a provocar raiva, decida com antecedência que, se isso acontecer, você fará uma pausa na conversa ou sairá do ambiente para recuperar o controle.

Reavaliar as consequências das reações impulsivas também é uma ferramenta poderosa de aprendizado. Depois de um momento em que você não conseguiu controlar um impulso, analise o que aconteceu sem se julgar. Pergunte-se: "O que eu poderia ter feito diferente?" e "Como posso me preparar para agir de maneira mais eficaz no futuro?" Esse processo de reflexão transforma erros em oportunidades de crescimento.

Além disso, aprender a perdoar-se por reações impulsivas do passado é essencial para avançar. O autocontrole é uma habilidade que requer prática, e deslizes são parte do processo. Em vez de se criticar, use esses momentos como lembretes do seu progresso e como motivação para continuar melhorando.

Por fim, lembre-se de que controlar impulsos e reações é uma jornada contínua. Cada passo dado nesse caminho fortalece sua capacidade de viver com mais equilíbrio e intencionalidade. Essa habilidade não apenas beneficia sua vida pessoal, mas também transforma suas relações interpessoais e amplia suas possibilidades de alcançar seus objetivos.

Quando você escolhe responder com consciência em vez de reagir automaticamente, está assumindo o controle de sua vida. Esse controle é uma expressão de força interior, um sinal de que você não é mais refém das circunstâncias ou das emoções passageiras. Com o tempo, esse domínio sobre os impulsos se torna não apenas uma prática, mas uma parte integral da pessoa que você está se tornando.

Capítulo 16
Autoestima e Transformação

A autoestima é o alicerce sobre o qual construímos nossa percepção de valor pessoal. Ela influencia diretamente a forma como enfrentamos desafios, nos relacionamos com os outros e traçamos metas para o futuro. Em um processo de ressocialização, a autoestima desempenha um papel central, pois serve como força motriz para mudanças positivas e sustenta a confiança de que é possível trilhar um novo caminho, independentemente do passado.

Ter uma autoestima saudável não significa ignorar os erros ou dificuldades, mas sim aceitar-se como um ser humano em constante evolução. É compreender que, embora tenha cometido falhas, você não é definido exclusivamente por elas. Essa distinção é fundamental para romper o ciclo de autossabotagem que muitas vezes acompanha uma baixa autoestima.

O primeiro passo para fortalecer a autoestima é identificar as crenças negativas que você pode ter sobre si mesmo. Essas crenças geralmente são internalizadas ao longo da vida, alimentadas por experiências de rejeição, fracasso ou críticas severas. Pensamentos como "Eu não sou bom o suficiente" ou "Eu sempre falho" podem parecer verdades absolutas, mas na realidade, são narrativas distorcidas que precisam ser questionadas e substituídas.

Uma forma eficaz de combater essas crenças é o uso de afirmações positivas. Embora possa parecer algo simples, repetir para si mesmo frases como "Eu sou capaz de mudar" ou "Eu mereço coisas boas" ajuda a reprogramar sua mente para focar em suas qualidades e potencial, em vez de nos erros passados. Anote essas afirmações e recite-as diariamente, especialmente em momentos de dúvida ou desânimo.

Reconhecer e celebrar suas conquistas, por menores que pareçam, também é essencial para reforçar a autoestima. Muitas vezes, tendemos a minimizar nossos progressos, enquanto enfatizamos nossos erros. Inverter esse padrão exige esforço consciente. Mantenha um diário onde você registre seus pequenos sucessos, como cumprir uma tarefa, manter a calma em uma situação difícil ou simplesmente tomar uma decisão saudável. Revisitar essas anotações servirá como lembrete de sua capacidade de avançar.

A comparação é um dos maiores inimigos da autoestima. Comparar-se constantemente aos outros, seja em termos de aparência, realizações ou circunstâncias, cria um ciclo de insatisfação. Para romper com esse hábito, pratique o autocuidado e a autoaceitação, concentrando-se em seu progresso único e nas qualidades que o tornam especial. Lembre-se de que cada pessoa está em uma jornada diferente, e sua trajetória é válida exatamente como é.

Outra prática poderosa para fortalecer a autoestima é cultivar um senso de gratidão por suas próprias características. Faça uma lista de qualidades que você aprecia em si mesmo, como sua capacidade de perseverar, sua bondade ou seu desejo de aprender. Releia essa lista frequentemente e adicione novos itens à medida que os reconhecer. Essa prática não apenas reforça seu valor, mas também ajuda a mudar seu foco para o positivo.

Relacionamentos também têm um impacto significativo na autoestima. Cercar-se de pessoas que o apoiam e acreditam em você cria um ambiente propício para seu crescimento. Evite aqueles que constantemente criticam ou menosprezam seus esforços, pois isso pode minar sua confiança. Em vez disso, busque conexões com indivíduos que valorizam suas qualidades e o encorajam a seguir em frente.

Além disso, a prática do perdão — tanto para os outros quanto para si mesmo — é essencial para liberar o peso emocional que muitas vezes drena a autoestima. Guardar rancores ou culpar-se continuamente por erros passados impede o progresso. Ao perdoar-se, você se abre para a possibilidade de recomeçar sem as amarras do passado.

A construção da autoestima também passa pelo cuidado com o corpo. A saúde física e emocional estão intimamente ligadas. Incorporar hábitos saudáveis, como alimentação equilibrada, exercícios regulares e descanso adequado, contribui para uma sensação geral de bem-estar e aumenta sua autoconfiança. Pequenas mudanças, como uma caminhada diária ou a prática de alongamentos, já fazem uma diferença significativa.

Outro aspecto importante é buscar oportunidades de aprendizado e crescimento. Quando você se desafia a adquirir novas habilidades ou conhecimentos, prova a si mesmo que é capaz de evoluir e se adaptar. Isso fortalece sua percepção de valor e cria um ciclo positivo de confiança e realização.

Embora fortalecer a autoestima seja uma jornada pessoal, lembre-se de que é válido buscar ajuda ao longo do caminho. Terapeutas, conselheiros ou até mesmo grupos de apoio podem oferecer ferramentas e perspectivas que facilitam o processo. Nunca hesite em pedir orientação quando sentir que precisa.

É fundamental entender que a autoestima não é uma constante; ela pode oscilar ao longo do tempo. Haverá dias em que você se sentirá mais confiante e outros em que dúvidas ou inseguranças podem surgir. O importante é continuar nutrindo esse senso de valor interno, independentemente das circunstâncias externas.

A autoestima é um reflexo de como você se enxerga, mas também é moldada pelas escolhas que faz e pelos passos que dá em direção à transformação. Ao investir em sua autoestima, você está investindo em sua capacidade de construir um futuro mais equilibrado e gratificante. Essa força interior é a base para enfrentar desafios com coragem, manter-se resiliente em momentos difíceis e, acima de tudo, acreditar que você merece uma vida plena e significativa.

Capítulo 17
Aprendendo a Perdoar

O perdão é um dos atos mais desafiadores e transformadores que uma pessoa pode realizar. Ele exige uma combinação de coragem, empatia e desprendimento que nem sempre é fácil de alcançar, especialmente quando se carrega um peso significativo de erros passados ou mágoas profundas. No entanto, o perdão é essencial para a transformação pessoal e para a construção de um futuro livre das correntes emocionais que prendem ao passado.

Perdoar a si mesmo é o primeiro passo nesse processo, pois é impossível avançar carregando o fardo de uma culpa paralisante. Muitos enxergam o ato de se perdoar como uma forma de se desculpar ou justificar comportamentos errados, mas na verdade, o perdão é um reconhecimento sincero do erro, acompanhado pela aceitação de que o passado não pode ser mudado, mas as escolhas futuras podem. É entender que você é humano, sujeito a falhas, mas também capaz de mudar e crescer.

Para iniciar o processo de perdão a si mesmo, é importante revisitar os momentos que geram maior sentimento de culpa. Em vez de fugir dessas memórias, encare-as com honestidade e pergunte a si mesmo: "O que aprendi com essa experiência?" e "Como posso evitar repetir esse erro no futuro?" Transformar a culpa em uma oportunidade de aprendizado e crescimento permite que você comece a libertar-se do peso emocional que ela carrega.

A prática da escrita terapêutica pode ser uma ferramenta poderosa nesse processo. Escreva uma carta para si mesmo, reconhecendo seus erros, mas também destacando os esforços que está fazendo para melhorar. Expresse suas emoções sem filtros e, ao final, inclua palavras de compreensão e encorajamento. Essa atividade ajuda a processar sentimentos de culpa de forma construtiva e permite que você comece a enxergar seu valor além dos erros.

Perdoar os outros também é crucial para a transformação pessoal. Guardar ressentimentos ou mágoas consome energia emocional e reforça ciclos de dor e negatividade. O perdão, nesse caso, não significa necessariamente reconciliar-se ou esquecer o que aconteceu, mas sim libertar-se do controle que essas experiências exercem sobre você. É um ato de autopreservação, que permite que você siga em frente sem o peso das feridas do passado.

O primeiro passo para perdoar os outros é reconhecer a dor que você sente. Muitas vezes, tentamos minimizar ou ignorar os impactos das ações alheias, mas isso apenas prolonga o sofrimento. Permita-se sentir e nomear suas emoções — raiva, tristeza, decepção — como um meio de compreender o que precisa ser liberado.

Uma prática útil nesse processo é tentar enxergar a situação do ponto de vista da outra pessoa. Isso não significa justificar suas ações, mas buscar entender os contextos, emoções e limitações que podem ter influenciado seu comportamento. Essa perspectiva pode tornar o ato de perdoar mais acessível, reduzindo a intensidade do ressentimento.

A meditação focada no perdão é uma ferramenta eficaz para lidar com mágoas profundas. Feche os olhos, respire profundamente e visualize a pessoa que deseja perdoar. Imagine-se dizendo a ela que você escolhe liberar a dor e seguir em frente. Mesmo que esse perdão ainda pareça distante, repetir esse exercício regularmente pode ajudar a abrir espaço emocional para que ele aconteça.

Além disso, o perdão não precisa ser imediato. Ele é um processo que ocorre em seu próprio ritmo, e tudo bem se levar tempo para alcançar uma sensação de alívio ou desprendimento. O importante é continuar nutrindo a intenção de perdoar, pois isso já sinaliza um compromisso com sua própria liberdade emocional.

É possível que algumas mágoas pareçam imperdoáveis, mas até nesses casos, o perdão pode ser recontextualizado como um ato de libertação pessoal. Não se trata de validar o que foi feito, mas de recusar-se a permitir que o ocorrido defina sua vida ou controle suas emoções. Ao liberar o rancor, você escolhe priorizar sua paz e bem-estar acima da dor.

Reconheça também que o perdão pode ser um processo incompleto. É natural que, mesmo após decidir perdoar, memórias ou sentimentos ressurjam ocasionalmente. Nessas situações, reafirme sua escolha de seguir em frente e use-as como lembretes do progresso que já fez, em vez de como evidências de fracasso.

Outro aspecto importante do perdão é entender que ele não elimina a responsabilidade. Perdoar alguém não significa que as consequências de suas ações sejam apagadas ou que a relação deva ser restaurada. O perdão é um ato unilateral de liberação emocional, enquanto a reconstrução de confiança ou reconexão exige esforços mútuos e consistentes.

Por fim, é essencial celebrar cada pequeno avanço no processo de perdão, seja ele direcionado a si mesmo ou aos outros. Cada camada de dor ou culpa que você consegue liberar é um passo em direção à liberdade emocional e à construção de uma vida mais leve e significativa.

Aprender a perdoar é um presente que você dá a si mesmo. Ele não muda o passado, mas redefine seu impacto sobre o presente e o futuro. Quando você escolhe perdoar, está afirmando que merece paz, crescimento e felicidade, independentemente das circunstâncias que viveu. Essa escolha é um ato de coragem e amor próprio, e um marco essencial em sua jornada de transformação.

Capítulo 18
Nova Identidade

A construção de uma nova identidade é um marco essencial no processo de ressocialização e transformação pessoal. Ela representa a oportunidade de se desvincular de padrões, rótulos e comportamentos antigos que não mais servem à sua jornada, permitindo que você se reinvente com base em seus valores, aspirações e potenciais. Essa nova identidade não é apenas uma mudança superficial, mas um compromisso profundo com a pessoa que você deseja se tornar.

O primeiro passo para criar uma nova identidade é reconhecer que a identidade não é fixa. Ela é moldada por escolhas, experiências e narrativas que você constrói sobre si mesmo ao longo da vida. Embora o passado tenha contribuído para quem você é hoje, ele não precisa definir quem você será no futuro. A mudança começa ao abraçar a ideia de que você tem o poder de redesenhar sua história a partir deste momento.

Para iniciar essa transformação, reflita sobre a pessoa que deseja ser. Pergunte a si mesmo: "Quais características admiro em outros que gostaria de incorporar em minha vida?" ou "Que tipo de legado quero deixar no mundo?" Crie uma imagem clara de sua nova identidade, listando traços de personalidade, valores, hábitos e objetivos que se alinhem com essa visão. Por exemplo, você pode decidir ser alguém mais resiliente, confiável ou compassivo.

A visualização criativa é uma ferramenta poderosa nesse processo. Reserve alguns minutos por dia para imaginar-se vivendo como essa nova versão de si mesmo. Visualize suas ações, comportamentos e interações com os outros. Sinta as emoções positivas associadas a essa nova identidade. Essa prática reforça sua conexão com a pessoa que está se tornando e ajuda a solidificar essa transformação em sua mente.

Mudanças externas podem ser um reflexo tangível de sua nova identidade. Embora mudanças internas sejam o coração do processo, ajustar seu estilo de vida, aparência ou hábitos também pode reforçar essa transição. Isso pode incluir algo tão simples quanto alterar seu guarda-roupa para refletir confiança, adotar uma nova rotina que demonstre disciplina ou reconfigurar seus espaços pessoais para inspirar criatividade e foco.

Estabelecer novos hábitos é essencial para sustentar essa identidade renovada. Identifique comportamentos que estão alinhados com seus objetivos e incorpore-os à sua rotina diária. Por exemplo, se sua nova identidade é de alguém que valoriza a saúde, adotar práticas como exercícios regulares ou alimentação equilibrada reforçará esse compromisso. A consistência é a chave para transformar essas ações em parte intrínseca de quem você é.

Reavaliar e redefinir suas relações também é um componente importante. Algumas conexões podem reforçar padrões antigos que você está tentando abandonar, enquanto outras podem encorajar seu crescimento. Procure cercar-se de pessoas que apoiem sua transformação, que reconheçam e valorizem a pessoa que você está se tornando. Isso inclui estabelecer limites com indivíduos que tentam vinculá-lo ao passado.

Embora criar uma nova identidade seja um processo empolgante, ele também pode ser desafiador. Sentimentos de dúvida ou medo podem surgir, especialmente quando confrontado com expectativas externas ou situações que testam seus novos valores. Lembre-se de que esses momentos são oportunidades para reafirmar sua escolha e fortalecer sua determinação. Use mantras ou afirmações que reforcem sua nova identidade, como: "Eu sou forte e capaz de criar mudanças positivas em minha vida."

Revisitar seu progresso periodicamente ajuda a manter o foco e a ajustar sua trajetória, se necessário. Pergunte a si mesmo:

"Quais mudanças já implementei com sucesso?" e "O que posso melhorar ou adaptar para me aproximar ainda mais da pessoa que desejo ser?" Essa prática de autoavaliação permite que você permaneça alinhado com seus objetivos, ao mesmo tempo em que celebra suas conquistas.

Além disso, é importante praticar a autocompaixão durante essa jornada. Transformar-se não é um processo linear, e é natural enfrentar contratempos ou momentos de incerteza. Em vez de se criticar, reconheça esses desafios como parte do aprendizado e use-os para refinar seu compromisso com sua nova identidade. Lembre-se de que cada passo, por menor que pareça, é uma vitória em direção à mudança.

Para reforçar sua nova identidade, procure oportunidades de agir de acordo com seus novos valores em situações reais. Isso pode incluir ajudar alguém em necessidade, participar de atividades que reflitam seus interesses ou assumir responsabilidades que demonstrem sua evolução. Cada ação que reflete sua transformação fortalece sua conexão com essa nova versão de si mesmo.

Visualize a criação de sua nova identidade como um ciclo contínuo de crescimento. À medida que você atinge metas e incorpora mudanças, novas aspirações podem surgir, incentivando-o a explorar outras dimensões de si mesmo. Essa renovação constante mantém sua jornada de transformação dinâmica e significativa.

Criar uma nova identidade é um ato de coragem e esperança. Ele representa o reconhecimento de que você não é definido por seu passado, mas sim pelas escolhas que faz hoje e pelas ações que toma amanhã. Ao abraçar essa oportunidade de reinvenção, você afirma seu valor, potencial e capacidade de moldar uma vida que reflete o melhor de quem você é.

Capítulo 19
Relações Saudáveis

As relações humanas são o tecido que conecta a vida em sociedade. Elas podem ser fontes de apoio, inspiração e crescimento, mas também podem gerar sofrimento e limitações quando são tóxicas ou desequilibradas. Para quem está em um processo de transformação pessoal, aprender a construir e nutrir relações saudáveis é um passo essencial para criar um ambiente emocionalmente positivo e fortalecer o compromisso com a mudança.

A base de qualquer relação saudável é o respeito mútuo. Respeitar não é apenas aceitar as diferenças do outro, mas também valorizar sua individualidade e dignidade. Essa postura deve ser recíproca, o que significa que, para manter uma relação construtiva, você também precisa ser respeitado em seus limites, opiniões e valores. Relações onde o respeito é ausente tendem a ser desiguais e prejudiciais.

Outro pilar das conexões saudáveis é a confiança. Sem ela, os laços se tornam frágeis e permeados por inseguranças. A confiança é construída com o tempo, através da consistência, da honestidade e do cumprimento de promessas. Cumprir pequenos compromissos, como estar presente quando necessário ou manter confidências, são exemplos de como fortalecer esse aspecto essencial nas relações.

Para construir relações saudáveis, é necessário desenvolver habilidades de comunicação assertiva. Isso significa expressar suas necessidades e sentimentos de forma clara e direta, sem ser agressivo ou passivo. Por exemplo, em vez de dizer: "Você nunca se importa comigo," uma abordagem assertiva seria:

"Eu me sinto ignorado quando minhas necessidades não são levadas em consideração. Podemos conversar sobre isso?"

A escuta ativa também é fundamental para melhorar qualquer relacionamento. Quando você realmente ouve o outro — sem interrupções, distrações ou julgamentos —, cria um espaço seguro para que ele se expresse. Essa prática fortalece os laços emocionais e evita mal-entendidos. Ao ouvir, faça perguntas abertas e valide os sentimentos do outro, mostrando que você valoriza sua perspectiva.

Identificar padrões tóxicos é outro passo importante. Relações tóxicas podem ser caracterizadas por manipulação, controle, críticas constantes ou falta de apoio. É fundamental reconhecer esses sinais e decidir se vale a pena trabalhar para transformar a relação ou se é necessário afastar-se para proteger seu bem-estar. Romper com relações tóxicas pode ser difícil, mas muitas vezes é indispensável para o crescimento pessoal.

Ao mesmo tempo, cultivar relacionamentos que promovam crescimento e encorajamento é crucial. Cercar-se de pessoas que compartilhem valores semelhantes, apoiem seus objetivos e celebrem suas conquistas cria um ambiente positivo e motivador. Relações saudáveis não exigem perfeição, mas sim uma troca equilibrada de apoio, compreensão e incentivo mútuo.

Estabelecer limites é uma prática indispensável para proteger sua saúde emocional e garantir relações equilibradas. Limites saudáveis não apenas ajudam a evitar ressentimentos, mas também promovem uma interação respeitosa. Por exemplo, se alguém frequentemente ignora suas preferências ou invade seu espaço, comunicar de forma clara: "Eu preciso que você respeite meu tempo e minhas escolhas," reforça a importância do limite.

No entanto, criar laços positivos também exige vulnerabilidade. Isso significa permitir-se ser autêntico e abrir-se para o outro. Embora a vulnerabilidade possa trazer o medo de ser rejeitado ou julgado, ela também é o que torna as conexões humanas genuínas e significativas. Escolha com cuidado as pessoas com quem compartilha sua vulnerabilidade, buscando aquelas que demonstrem empatia e apoio.

Praticar a gratidão nas relações é uma forma eficaz de fortalecer os vínculos. Demonstrar apreço por gestos, grandes ou pequenos, que o outro faz por você não apenas reforça o comportamento positivo, mas também cria um ciclo de reciprocidade. Pequenas frases como "Eu agradeço por estar ao meu lado" ou "Seu apoio significa muito para mim" têm um impacto significativo.

Envolver-se em atividades compartilhadas também ajuda a criar e fortalecer laços. Seja participando de hobbies em comum, ajudando em projetos comunitários ou simplesmente desfrutando de momentos de lazer, essas experiências criam memórias e aprofundam os relacionamentos. Invista tempo e energia em atividades que promovam conexão e prazer mútuo.

Lidar com conflitos de forma saudável é outra habilidade necessária para relações construtivas. Em vez de evitar ou intensificar conflitos, procure abordá-los com calma e disposição para encontrar soluções. Use frases como: "Eu gostaria de entender melhor seu ponto de vista" ou "Como podemos resolver isso juntos?" Isso demonstra respeito pelo outro e pelo relacionamento, mesmo durante desacordos.

Além disso, esteja disposto a pedir perdão quando necessário. Reconhecer erros e assumir a responsabilidade por eles demonstra maturidade emocional e compromisso com a relação. Ao mesmo tempo, esteja aberto a perdoar, permitindo que o relacionamento evolua e supere momentos difíceis.

Por fim, lembre-se de que todas as relações saudáveis começam com o relacionamento que você tem consigo mesmo. Praticar o autocuidado, valorizar-se e buscar equilíbrio em sua própria vida cria a base para que você também possa oferecer o melhor de si aos outros.

Construir e nutrir relações saudáveis não é apenas uma habilidade; é um compromisso com a qualidade de sua vida e das vidas ao seu redor. Essas conexões não apenas trazem alegria e apoio, mas também servem como fontes de aprendizado, crescimento e inspiração. Ao priorizar relações saudáveis, você está construindo uma rede sólida que sustentará sua transformação pessoal e enriquecerá seu caminho para uma vida mais significativa.

Capítulo 20
Reestruturando Hábitos

Os hábitos moldam a forma como vivemos, trabalhamos e interagimos com o mundo. Eles são padrões automáticos de comportamento que podem nos impulsionar para o progresso ou nos prender em ciclos destrutivos. Para quem está em processo de transformação pessoal, a reestruturação de hábitos é um pilar essencial para sustentar mudanças duradouras e criar uma vida mais equilibrada.

A primeira etapa para reestruturar hábitos é identificar aqueles que não estão mais alinhados com seus objetivos. Pergunte a si mesmo: "Quais comportamentos repetitivos estão me impedindo de progredir?" ou "Que ações diárias me afastam da pessoa que quero ser?" Reconhecer esses padrões com honestidade é o ponto de partida para substituí-los por práticas mais saudáveis e construtivas.

Uma maneira eficaz de identificar hábitos prejudiciais é observar os gatilhos que os acionam. Gatilhos podem ser situações, emoções ou até mesmo pessoas que estimulam comportamentos automáticos. Por exemplo, sentir-se estressado pode levar a comer de forma descontrolada ou reagir de maneira impulsiva. Entender esses gatilhos ajuda a interromper o ciclo e a criar respostas mais conscientes.

Depois de identificar os hábitos que deseja mudar, é essencial definir o que deseja colocar no lugar. Em vez de simplesmente tentar eliminar um comportamento, substitua-o por algo positivo. Por exemplo, em vez de recorrer ao telefone para evitar o tédio, você pode optar por ler um livro ou praticar um exercício de respiração. Esse processo de substituição cria novos padrões que atendem às mesmas necessidades, mas de forma mais produtiva.

Uma técnica poderosa para a criação de novos hábitos é o método de "pequenos passos". Tentar mudar radicalmente pode ser desafiador e levar à frustração. Em vez disso, divida a mudança em ações menores e mais gerenciáveis. Por exemplo, se o objetivo é adotar uma rotina de exercícios, comece com 10 minutos diários e aumente gradualmente. Pequenas conquistas acumuladas ao longo do tempo criam uma base sólida para transformações mais amplas.

Estabelecer um ambiente favorável também é crucial para a reestruturação de hábitos. O ambiente físico e social pode reforçar ou enfraquecer suas intenções. Para criar hábitos positivos, organize seu espaço de forma que facilite os novos comportamentos. Por exemplo, deixe frutas à vista se deseja melhorar sua alimentação ou mantenha materiais de estudo organizados para incentivar a produtividade.

A consistência é o elemento-chave para transformar novos comportamentos em hábitos automáticos. Estudos mostram que repetir uma ação regularmente no mesmo contexto ajuda a consolidá-la no cérebro. Defina horários específicos para praticar os novos hábitos e tente integrá-los à sua rotina existente. A repetição consistente ao longo de semanas ou meses é o que transforma ações isoladas em hábitos duradouros.

Outra técnica eficaz é o uso de lembretes visuais ou escritos. Coloque post-its, alarmes ou mensagens motivadoras em locais estratégicos para lembrar-se de seus objetivos e reforçar a prática de novos hábitos. Com o tempo, esses lembretes tornam-se desnecessários, pois o hábito se consolida.

Acompanhamento e celebração também desempenham um papel importante. Monitore seu progresso regularmente e reconheça as conquistas ao longo do caminho, por menores que sejam. Manter um diário de hábitos pode ajudá-lo a visualizar seu avanço e identificar áreas que precisam de ajustes. Além disso, celebrar cada pequeno passo cria um senso de realização que motiva a continuidade.

Embora o foco seja criar novos padrões, é importante lembrar que deslizes fazem parte do processo. Um momento de recaída não invalida todo o progresso feito. Em vez de se culpar, veja o deslize como uma oportunidade para refletir e reajustar suas estratégias. Pergunte-se: "O que posso aprender com isso?" e "Como posso me preparar para evitar situações semelhantes no futuro?"

Também é fundamental alinhar seus novos hábitos aos seus valores e metas pessoais. Quando as ações refletem o que é mais importante para você, a motivação para mantê-las aumenta significativamente. Por exemplo, se sua meta é construir relacionamentos mais fortes, adotar o hábito de enviar mensagens de carinho ou marcar encontros regulares com amigos pode ser uma prática alinhada a esse valor.

Envolver outras pessoas na criação de hábitos pode ser uma estratégia poderosa. Compartilhar seus objetivos com amigos ou familiares confiáveis cria um sistema de apoio que incentiva sua continuidade. Participar de grupos ou comunidades que compartilhem dos mesmos valores ou interesses também pode oferecer motivação extra.

A prática da paciência é essencial. Reformular hábitos é um processo gradual, que exige tempo e dedicação. Resultados imediatos são raros, mas o esforço consistente traz recompensas duradouras. Lembre-se de que cada esforço é um passo em direção à transformação desejada.

Reestruturar hábitos é mais do que uma mudança de comportamento; é uma reafirmação do controle que você tem sobre sua vida. É uma prova de que você pode escolher conscientemente os caminhos que deseja trilhar, abandonando padrões que não servem mais e adotando práticas que promovem crescimento, equilíbrio e realização. Ao se comprometer com essa jornada, você não apenas transforma sua rotina, mas constrói uma base sólida para o futuro que deseja criar.

Capítulo 21
Rejeição e o Preconceito

A rejeição é uma experiência que, inevitavelmente, marca a trajetória de quem busca reconstruir sua vida. Seja no âmbito profissional, familiar ou social, enfrentar preconceitos e julgamentos pode despertar sentimentos de inadequação e incerteza. No entanto, aprender a lidar com essas situações é essencial para avançar e consolidar uma transformação genuína.

O primeiro passo para enfrentar a rejeição e o preconceito é reconhecer que essas atitudes refletem mais sobre quem as pratica do que sobre quem as recebe. Preconceitos são, muitas vezes, frutos de medo, ignorância ou condicionamentos sociais enraizados. Entender essa dinâmica permite que o peso emocional causado pelo julgamento alheio seja reduzido. Embora a dor do momento seja legítima, ela não deve definir o valor de quem você é ou o potencial que carrega.

Uma forma prática de lidar com rejeições é aprender a diferenciá-las. Nem todas as críticas ou negativas são atos de discriminação. Algumas podem ser construtivas, desafiando você a crescer, enquanto outras podem ser simplesmente o reflexo de fatores externos que não estão sob seu controle. Refletir sobre a origem da rejeição ajuda a processá-la de forma mais objetiva, evitando que ela afete sua autoestima.

A resiliência emocional é uma ferramenta indispensável nessa jornada. Desenvolver a habilidade de manter-se firme diante de julgamentos requer prática e autoconhecimento. Identificar quais situações ou comentários despertam inseguranças e trabalhar para fortalecer sua autoconfiança cria um escudo interno contra a negatividade externa. Isso não significa ignorar a dor, mas aprender a processá-la sem deixar que ela paralise seu progresso.

Um exercício poderoso para reconstruir a autoconfiança é relembrar suas conquistas. Faça uma lista de desafios que já superou, por menores que pareçam. Cada vitória pessoal ou profissional é um lembrete de sua capacidade de superação. Use essas memórias como um alicerce para enfrentar momentos de rejeição. O simples ato de reconhecer o que já foi conquistado ajuda a reforçar sua força interior.

Também é importante ter clareza sobre os valores e princípios que orientam sua vida. Quando você está seguro sobre quem é e o que acredita, as opiniões externas perdem força. Pergunte a si mesmo: "Minha identidade está sendo definida por mim ou pelos outros?" Estabelecer um senso claro de propósito e autenticidade é fundamental para resistir ao impacto do preconceito.

A construção de um sistema de apoio é outro pilar essencial. Conectar-se com pessoas que compreendem sua trajetória e reconhecem seu valor cria um espaço seguro para compartilhar experiências e desabafar. Seja um amigo, um familiar ou um mentor, contar com alguém que possa oferecer perspectivas construtivas faz toda a diferença. Além disso, buscar comunidades que valorizem a diversidade e o crescimento pessoal pode trazer um senso renovado de pertencimento.

Ainda assim, haverá momentos em que a rejeição parecerá insuportável. Nessas ocasiões, é crucial lembrar que você não está sozinho. Muitas pessoas enfrentaram situações semelhantes e encontraram formas de prosperar. Inspirar-se em histórias de superação pode oferecer um novo ângulo sobre os desafios que enfrenta. Explore biografias, documentários ou depoimentos de quem transformou adversidades em combustível para o sucesso.

Praticar a assertividade também é uma habilidade poderosa para lidar com preconceitos. Ser assertivo não significa confrontar de forma agressiva, mas comunicar seus sentimentos e valores com clareza e respeito. Um exemplo pode ser responder a um comentário preconceituoso com uma frase como: "Eu entendo que você tenha essa opinião, mas gostaria de compartilhar minha perspectiva sobre o assunto." Isso demonstra maturidade e abre espaço para um diálogo mais construtivo.

Em situações onde o preconceito se manifesta de forma direta e repetitiva, estabelecer limites é essencial. Aprender a dizer "não" ou se afastar de ambientes tóxicos não é um ato de fraqueza, mas uma demonstração de autocuidado. Sua saúde mental e emocional deve ser sempre priorizada. Construa ao seu redor um ambiente que promova seu crescimento e bem-estar.

Por outro lado, nem todas as situações permitem afastamento imediato. Em casos como o mercado de trabalho, onde a rejeição pode estar ligada a preconceitos, buscar formas de demonstrar suas competências de maneira objetiva é uma estratégia eficaz. Um currículo bem elaborado, recomendações de antigos empregadores e um discurso claro sobre seus valores profissionais podem ajudar a romper barreiras.

Além disso, manter-se informado sobre seus direitos é fundamental. Muitas legislações protegem contra discriminação em diferentes contextos. Caso se depare com situações de preconceito flagrante, considere buscar orientação legal ou apoio de instituições que lutam contra a discriminação.

Por fim, é essencial transformar a rejeição e o preconceito em uma fonte de aprendizado e crescimento. Pergunte a si mesmo: "O que posso tirar dessa experiência? Como posso usar isso para fortalecer minha jornada?" Cada desafio enfrentado oferece a oportunidade de desenvolver resiliência, compaixão e coragem.

Enfrentar a rejeição e o preconceito é, sem dúvida, uma das partes mais difíceis de uma jornada de ressocialização. No entanto, com autoconhecimento, apoio e estratégias práticas, é possível superar esses obstáculos e transformar as barreiras em degraus para um futuro mais brilhante e significativo. A chave está em não permitir que os julgamentos externos diminuam a força de sua transformação interna.

Capítulo 22
Futuro com Propósito

Construir um futuro sólido exige mais do que sonhos ou esperanças; requer uma visão clara, propósito bem definido e estratégias tangíveis para transformar aspirações em realidade. Um plano de vida bem estruturado é como um mapa, guiando cada passo rumo à transformação pessoal e profissional, mantendo o foco mesmo diante das inevitáveis adversidades.

O ponto de partida para planejar o futuro com propósito é a introspecção. Quem é você hoje? Quais são suas habilidades, interesses e valores? Essas respostas, quando exploradas honestamente, formam a base para o processo de definição de metas. Sem essa clareza, as decisões podem ser baseadas em expectativas alheias ou em um desejo de agradar, desviando você de sua verdadeira essência.

Refletir sobre o que realmente importa é um exercício poderoso. Escreva, com detalhes, os aspectos de uma vida ideal: onde você gostaria de estar em cinco, dez ou vinte anos? Considere áreas como trabalho, família, saúde, relacionamentos, educação e realizações pessoais. Essa visualização serve como um ponto de referência, lembrando que o caminho a ser trilhado deve estar alinhado com seus valores e aspirações mais profundas.

Após identificar suas prioridades, é hora de transformar sonhos em metas. Um dos métodos mais eficazes é a fórmula SMART: objetivos específicos, mensuráveis, atingíveis, relevantes e com prazos definidos. Por exemplo, em vez de dizer "quero ter um bom emprego", defina algo como "quero conquistar uma posição na área de logística dentro de dois anos, completando um curso técnico na área e atualizando meu currículo". Essa especificidade proporciona clareza e aumenta a probabilidade de sucesso.

Planejar também envolve considerar os recursos e habilidades necessários para atingir essas metas. Isso pode incluir educação formal, cursos técnicos, mentorias ou aprendizado prático. Por exemplo, se seu objetivo é empreender, aprender sobre gestão financeira e marketing pode ser crucial. Se deseja trabalhar em uma área específica, identificar os requisitos da profissão e começar a adquiri-los é um passo indispensável.

No entanto, mesmo o planejamento mais meticuloso deve ser flexível. A vida é imprevisível, e imprevistos podem exigir ajustes no curso. Isso não significa abandonar suas metas, mas adaptá-las à realidade momentânea. Lembre-se de que a resiliência é uma aliada poderosa nesse processo, permitindo que você continue avançando, mesmo quando os planos precisam ser modificados.

A organização do plano é outro elemento fundamental. Divida suas metas em etapas menores e realizáveis, como marcos em uma estrada. Cada conquista intermediária, por menor que pareça, é um sinal de progresso e deve ser celebrada. Por exemplo, se deseja economizar para um curso, estabeleça metas semanais ou mensais de poupança. Cada pequeno avanço reforça a confiança e a motivação para continuar.

Além disso, construir um plano de futuro envolve identificar possíveis desafios e elaborar estratégias para enfrentá-los. Pergunte a si mesmo: "Quais são os obstáculos que podem surgir? Como posso superá-los?" Isso pode incluir a criação de redes de apoio, o desenvolvimento de habilidades de resolução de problemas ou a busca de ajuda profissional quando necessário.

Enquanto trabalha no planejamento, é essencial manter o equilíbrio entre objetivos de longo prazo e ações diárias. É fácil se perder no "grande quadro" e esquecer que cada dia oferece uma oportunidade de progresso. Adotar hábitos consistentes, como dedicar uma hora diária ao aprendizado ou à prática de uma habilidade, cria uma base sólida para alcançar suas metas maiores.

Outra ferramenta útil é o uso de mapas mentais ou gráficos visuais para organizar ideias e conectar seus objetivos a passos concretos. Por exemplo, se sua meta é mudar de carreira, você pode criar um diagrama que conecte ações como "pesquisar o mercado", "fazer cursos", "melhorar o networking" e "preparar-se para entrevistas". Visualizar o plano dessa forma ajuda a manter a motivação e a clareza.

Buscar apoio também faz parte do processo de planejar o futuro com propósito. Compartilhar suas metas com pessoas de confiança pode trazer encorajamento e perspectivas valiosas. Além disso, essas conexões podem apresentar oportunidades que você não havia considerado. Participar de grupos ou comunidades com interesses semelhantes pode ampliar sua rede e fortalecer seu compromisso com suas aspirações.

Ao longo dessa jornada, a prática da reflexão contínua é crucial. Reserve momentos para avaliar seu progresso, identificar o que está funcionando e ajustar o que não está. Isso permite que você permaneça alinhado com seus objetivos e faça melhorias sempre que necessário. A autocrítica construtiva é uma ferramenta poderosa para aprimorar seu caminho.

Por fim, o planejamento do futuro deve ser guiado não apenas pela ambição, mas também pelo desejo de criar uma vida significativa. Pergunte a si mesmo: "Como minhas escolhas podem impactar positivamente outras pessoas? De que maneira posso contribuir para minha comunidade ou deixar um legado?" Incorporar propósito ao plano não apenas torna suas metas mais gratificantes, mas também sustenta a motivação ao longo do caminho.

Planejar o futuro com propósito é um ato de coragem e compromisso. Exige introspecção, disciplina e abertura para aprender e crescer. Ao tomar as rédeas de sua vida, você assume o controle do seu destino, construindo um caminho que reflete quem você é e o que deseja alcançar. E, passo a passo, você descobre que a transformação não é apenas possível, mas inevitável, quando guiada por um propósito verdadeiro.

Capítulo 23
Foco nas Mudanças

Manter o foco nas mudanças é um dos maiores desafios para quem decide transformar sua vida. A jornada de renovação, por mais inspiradora que pareça no início, pode ser interrompida por distrações, dificuldades ou mesmo pelo retorno inconsciente a padrões antigos. No entanto, a continuidade é o que distingue uma mudança verdadeira de uma tentativa passageira. O foco, portanto, deve ser cultivado com dedicação e consciência.

A base para sustentar o foco é compreender profundamente por que você começou essa jornada. Revisitar suas motivações iniciais regularmente serve como um lembrete do que está em jogo. Escreva em um lugar visível o que você espera conquistar com as mudanças. Isso pode ser tão simples quanto uma frase motivadora ou uma lista de metas específicas. Essas palavras atuam como uma âncora, especialmente em momentos de dúvida.

Outro aspecto importante é reconhecer que as mudanças, mesmo as positivas, podem gerar desconforto. O cérebro humano tende a resistir ao novo, preferindo o conforto das rotinas familiares, mesmo que sejam prejudiciais. Essa resistência natural não é sinal de fracasso, mas uma parte do processo. Identificar quando está voltando a antigos hábitos e tomar medidas para redirecionar suas ações é uma habilidade que deve ser praticada conscientemente.

Estruturar seu ambiente é essencial para reduzir distrações e reforçar o foco. Elimine estímulos que possam desviar sua atenção, sejam eles físicos ou digitais. Se você está trabalhando para criar novos hábitos, como estudar ou praticar exercícios, crie espaços específicos para essas atividades. Um local organizado e livre de interrupções torna mais fácil manter o compromisso com seus objetivos.

O gerenciamento do tempo também desempenha um papel crucial. Muitas vezes, a falta de progresso não é causada por falta de capacidade, mas por uma má administração do tempo. Crie uma rotina diária ou semanal que priorize suas metas. Divida grandes tarefas em etapas menores e aloque períodos específicos para cada uma. Por exemplo, se o objetivo é concluir um curso, dedique um horário fixo todos os dias para estudar, mesmo que seja apenas 30 minutos.

Além disso, adotar práticas de atenção plena, como mindfulness, pode ajudar a fortalecer sua capacidade de manter o foco. Ao treinar sua mente para estar presente no momento, você reduz a influência de pensamentos dispersos e aumenta sua concentração nas tarefas importantes. Exercícios simples, como respirar profundamente por alguns minutos ou observar seus pensamentos sem julgá-los, são eficazes para desenvolver essa habilidade.

Reconhecer o progresso é outra estratégia fundamental. Pequenas vitórias, como resistir a um hábito negativo por um dia ou completar uma tarefa desafiadora, devem ser celebradas. Isso não significa comemorar de forma exagerada, mas reconhecer internamente que você está avançando. Essa prática fortalece sua confiança e reforça o comportamento desejado.

Por outro lado, é importante estar preparado para lidar com recaídas ou retrocessos. Elas são naturais e não devem ser vistas como falhas definitivas. Em vez disso, encare-as como oportunidades de aprendizado. Pergunte a si mesmo: "O que levou a esse retrocesso? Como posso evitar que aconteça novamente?" Essa abordagem não apenas diminui o impacto emocional das recaídas, mas também torna você mais resiliente.

Manter um sistema de apoio é um dos pilares mais poderosos para sustentar o foco. Compartilhe seus objetivos com pessoas de confiança, como amigos, familiares ou mentores. Eles podem oferecer encorajamento, feedback construtivo e, em alguns casos, até responsabilizá-lo por seus compromissos. Além disso, envolver-se em grupos ou comunidades que compartilhem interesses semelhantes pode proporcionar um senso de pertencimento e motivação contínua.

Outro recurso valioso é a autoavaliação regular. Reserve momentos para refletir sobre seu progresso. Pergunte a si mesmo: "Estou avançando em direção às minhas metas? O que está funcionando bem? O que precisa ser ajustado?" Registrar essas reflexões em um diário ou aplicativo pode ajudar a identificar padrões e ajustar sua abordagem conforme necessário.

É essencial, também, ajustar suas expectativas. Mudanças significativas levam tempo, e resultados imediatos nem sempre são realistas. Cultivar a paciência e aceitar o ritmo natural do progresso são atitudes que evitam a frustração. Lembre-se de que cada passo, por menor que seja, o aproxima de seus objetivos.

Outro ponto de atenção é o equilíbrio. Focar exclusivamente nas mudanças pode levar ao esgotamento. Certifique-se de incluir momentos de lazer, descanso e autocuidado em sua rotina. Esses períodos não são um desperdício, mas uma maneira de recarregar suas energias para continuar avançando.

Visualize o impacto que as mudanças terão em sua vida. Imagine como será o futuro ao manter o curso atual. Essa prática de visualização reforça o compromisso com suas metas e ajuda a superar os desafios do presente. Quando você tem clareza sobre o destino, é mais fácil resistir às tentações de abandonar a jornada.

Manter o foco nas mudanças é um compromisso diário. Exige atenção, esforço e a capacidade de superar os desafios que inevitavelmente surgirão. No entanto, com as estratégias certas e uma mentalidade resiliente, é possível sustentar o progresso e consolidar as transformações desejadas. A cada dia que você persiste, fortalece não apenas seu foco, mas também a confiança em sua capacidade de construir uma vida melhor.

Capítulo 24
Celebrando Conquistas

Reconhecer o progresso é uma prática essencial para quem busca transformação. Em meio à correria de mudanças e à luta contra antigos hábitos, é fácil ignorar as pequenas vitórias, subestimando o impacto cumulativo de cada passo dado. Contudo, celebrar conquistas, por menores que sejam, fortalece a motivação, reforça o compromisso com as metas e transforma o caminho em uma jornada mais significativa.

A celebração começa com a percepção. Muitas vezes, os avanços diários podem parecer insignificantes, mas são justamente esses momentos que constroem as bases para mudanças maiores. Por exemplo, resistir a um comportamento impulsivo em um dia difícil, cumprir uma tarefa programada ou até mesmo decidir começar algo novo são conquistas dignas de reconhecimento. O progresso nunca é linear, e cada esforço bem-sucedido merece ser valorizado.

Um dos primeiros passos para reconhecer conquistas é registrar seu progresso. Manter um diário de mudanças pode ajudar a refletir sobre os avanços realizados. Nele, anote metas alcançadas, desafios superados e sentimentos associados a essas realizações. Revisitar essas anotações em momentos de desânimo funciona como um lembrete tangível de que o esforço vale a pena. Além disso, o ato de escrever ajuda a reforçar mentalmente o impacto positivo de cada vitória.

Outro aspecto importante é a prática de recompensar-se. A recompensa não precisa ser grandiosa ou dispendiosa; ela pode ser algo simples, mas significativo, como dedicar tempo a um hobby, fazer uma refeição especial ou tirar um momento para relaxar e refletir. Essas recompensas criam uma associação positiva com o esforço, incentivando a continuidade das ações que levaram à conquista.

Além das recompensas pessoais, compartilhar seus avanços com pessoas de confiança pode intensificar a sensação de realização. Amigos, familiares ou mentores que apoiam sua jornada podem celebrar junto com você, reforçando o valor do progresso. Quando nos permitimos receber reconhecimento de outros, criamos um ciclo de apoio e motivação mútua, que fortalece os laços e amplia o impacto das vitórias.

Ao celebrar, é crucial adotar uma perspectiva equilibrada. Evite comparar seu progresso com o de outras pessoas. Cada jornada é única, e o que é significativo para você pode não ter o mesmo peso para outra pessoa. A verdadeira medida do progresso é o quanto você se aproximou dos seus próprios objetivos, superando os desafios pessoais e ressignificando seus limites.

Por outro lado, a celebração das conquistas também deve incluir um olhar para o futuro. Reconhecer o progresso é importante, mas é igualmente necessário alinhar-se com as próximas metas. Após celebrar, pergunte a si mesmo: "Qual será meu próximo passo? Como posso continuar avançando?" Essa reflexão transforma a celebração em uma base sólida para impulsionar novos movimentos.

O ato de celebrar não precisa ser restrito a momentos extraordinários. Criar rituais diários para reconhecer pequenas vitórias pode transformar sua mentalidade. Por exemplo, ao final de cada dia, reserve um momento para refletir sobre algo que tenha feito bem ou superado. Essa prática regular ajuda a criar uma visão mais positiva de si mesmo e da jornada em curso.

No entanto, não reconhecer o progresso pode levar a sentimentos de estagnação ou desvalorização. Muitas vezes, a mente é inclinada a focar no que ainda falta conquistar, ignorando os avanços já realizados. Essa perspectiva pode gerar frustração e desmotivação. Ao contrário, quando nos permitimos valorizar cada passo, alimentamos uma mentalidade de crescimento e autovalorização.

É importante também incluir a celebração de mudanças internas. Nem todas as conquistas são visíveis ou mensuráveis. Desenvolver mais paciência, reagir de forma mais calma a situações desafiadoras ou sentir-se mais confiante são transformações profundas que muitas vezes passam despercebidas. Reconhecê-las é tão vital quanto celebrar realizações externas.

Outra ferramenta poderosa para celebrar o progresso é criar um "mural de conquistas". Esse espaço pode ser físico, como um quadro no quarto, ou digital, como uma pasta de anotações no celular. Nele, você pode incluir fotos, frases, listas de metas cumpridas ou qualquer elemento que represente suas vitórias. Esse mural atua como um lembrete visual constante de quanto você já caminhou.

Ao mesmo tempo, celebrar não significa ignorar os desafios. É possível reconhecer as dificuldades enfrentadas sem permitir que elas ofusquem as conquistas. A celebração é, na verdade, um reconhecimento de que o esforço foi maior do que as barreiras, e que cada vitória, por menor que pareça, é um sinal de progresso real.

No final das contas, celebrar é mais do que uma prática motivacional; é um ato de autocompaixão. É dizer a si mesmo: "Estou no caminho certo, e meu esforço importa." Essa validação fortalece a conexão consigo mesmo, gerando energia para continuar avançando e transformando.

Portanto, celebre cada conquista. Não importa o tamanho, cada avanço tem o poder de transformar o curso da sua jornada. Reconheça, valorize e permita-se desfrutar do progresso. Afinal, cada passo dado é uma vitória em si mesmo e uma prova viva de que a mudança é possível e alcançável.

Capítulo 25
Superando a Influência de Maus Exemplos

Os exemplos que nos cercam ao longo da vida moldam nossas crenças, valores e comportamentos. Desde a infância, absorvemos padrões de conduta vindos de pessoas próximas, como familiares, amigos e figuras de autoridade. Contudo, quando esses modelos são negativos, podem nos influenciar a perpetuar ciclos de comportamentos prejudiciais. Reconhecer e superar a influência desses maus exemplos é um passo essencial para uma transformação genuína.

Os maus exemplos nem sempre se apresentam de maneira explícita. Podem estar disfarçados de normalidade, enraizados na rotina ou justificados por circunstâncias difíceis. Um pai que justifica pequenos atos de desonestidade para "sobreviver", um amigo que incentiva escolhas impulsivas ou até mesmo um ambiente comunitário onde a violência ou o descaso pelas regras são comuns: todos esses contextos contribuem para a formação de crenças e hábitos que dificultam o desenvolvimento saudável.

O primeiro passo para superar essas influências é identificar os padrões que foram internalizados. Muitas vezes, isso exige um mergulho profundo na própria história de vida. Reflita sobre os comportamentos que você tende a reproduzir. Pergunte-se: "De onde vem esse hábito? Quem ou o que me ensinou a pensar e agir dessa maneira? Esse padrão realmente reflete quem eu quero ser ou os valores que desejo carregar?"

Identificar maus exemplos pode gerar sentimentos de culpa ou ressentimento, especialmente quando eles vêm de pessoas próximas. No entanto, é importante lembrar que todos são produtos de suas próprias vivências e limitações. Muitas vezes, quem perpetuou esses padrões também foi vítima de influências negativas. Reconhecer isso não significa justificar os erros, mas sim entender que a transformação começa com a aceitação do passado como um ponto de partida para o futuro.

Uma vez identificados os padrões, é essencial substituí-los por influências positivas. Rodear-se de bons exemplos é uma das formas mais eficazes de reprogramar crenças e comportamentos. Procure pessoas que compartilhem dos valores e objetivos que você deseja cultivar. Essas novas referências podem ser encontradas em diversas áreas: colegas de trabalho, grupos comunitários, mentores ou até mesmo figuras inspiradoras em livros, filmes e histórias de superação.

Além disso, é útil estudar histórias de pessoas que conseguiram romper com ciclos negativos. Esses relatos podem oferecer perspectivas valiosas sobre como outras pessoas enfrentaram e superaram situações semelhantes. Ler biografias, assistir a documentários ou participar de palestras motivacionais pode inspirar novas formas de pensar e agir.

Ao mesmo tempo, é importante criar um espaço mental para questionar e reformular crenças que foram influenciadas por maus exemplos. Exercícios como a escrita reflexiva podem ajudar a desafiar narrativas internas que sustentam comportamentos indesejáveis. Pergunte-se: "Por que acredito nisso? Essa crença está alinhada com os valores que desejo construir?" Com o tempo, esse processo fortalece a capacidade de discernir entre o que deve ser mantido e o que precisa ser descartado.

Outro aspecto crucial é estabelecer limites com pessoas que ainda perpetuam padrões negativos. Isso não significa cortar todos os laços de forma abrupta, mas sim criar barreiras emocionais e práticas que protejam sua transformação. Por exemplo, se um amigo frequentemente o incentiva a comportamentos prejudiciais, pode ser necessário limitar o tempo passado com essa pessoa ou reavaliar a dinâmica da relação. Estabelecer limites claros não é um ato de rejeição, mas de autocompaixão e cuidado com seu próprio progresso.

Ao mesmo tempo, cultivar o autocuidado emocional é essencial para lidar com os impactos de ter sido influenciado por maus exemplos. Práticas como meditação, terapia ou conversas com pessoas de confiança podem ajudar a processar as emoções que surgem durante essa jornada. Esses momentos de cuidado pessoal fortalecem sua resiliência e ampliam sua capacidade de transformação.

Um elemento fundamental nesse processo é a paciência. Superar influências negativas não acontece de forma instantânea. Trata-se de uma construção gradual, onde cada pequena mudança contribui para a formação de uma base sólida. Reconheça que é normal enfrentar recaídas ou sentir-se tentado a retornar a velhos padrões, especialmente em momentos de vulnerabilidade. Use esses episódios como oportunidades para refletir e fortalecer sua determinação.

Além disso, lembre-se de que você tem o poder de transformar-se em um exemplo positivo para outros. Suas escolhas e mudanças podem influenciar aqueles ao seu redor, rompendo o ciclo de maus exemplos e inspirando uma nova geração de comportamentos. Ser um modelo de transformação não significa ser perfeito, mas sim mostrar que é possível aprender, crescer e evoluir.

Para consolidar essa nova fase, considere criar um plano de ação que inclua práticas concretas para evitar a influência de maus exemplos. Por exemplo, defina objetivos como "participar de encontros semanais com pessoas que me inspiram" ou "ler um livro de desenvolvimento pessoal por mês". Essas ações intencionais reforçam os novos caminhos que você está traçando e ajudam a ancorar sua transformação.

Superar a influência de maus exemplos é um ato de coragem. É enfrentar o que foi internalizado ao longo de anos e decidir, conscientemente, trilhar um caminho diferente. Ao fazer isso, você não apenas transforma sua própria vida, mas também contribui para a criação de um ambiente mais saudável e positivo ao seu redor. Cada escolha feita com intenção é um passo em direção a uma vida mais alinhada com seus valores e metas.

Capítulo 26
Perdão Familiar

As relações familiares carregam um peso emocional único. Elas moldam nosso senso de pertencimento, valores e visão de mundo. Contudo, quando essas relações são marcadas por conflitos, mágoas ou ressentimentos, podem se tornar obstáculos difíceis de superar. O perdão familiar emerge, então, como uma ferramenta indispensável para a cura emocional e o fortalecimento desses laços fundamentais.

O perdão não é um ato de submissão ou fraqueza; é um gesto de liberdade. Ele não significa justificar comportamentos nocivos, mas sim libertar-se do peso emocional que eles carregam. Nas dinâmicas familiares, o perdão tem um impacto profundo porque se conecta diretamente às raízes das nossas experiências emocionais mais íntimas. Para aqueles que buscam ressocialização, perdoar ou ser perdoado pode significar o início de uma nova história.

Para entender a importância do perdão familiar, é necessário observar como mágoas acumuladas afetam as interações diárias. Uma discussão não resolvida pode se transformar em anos de silêncio. Um erro mal explicado pode criar barreiras aparentemente intransponíveis. Essas tensões moldam os comportamentos e atitudes de ambas as partes, perpetuando ciclos de ressentimento e afastamento. Quando não trabalhados, esses conflitos se transformam em crenças limitantes: "Eu não sou digno de amor", "Minha família nunca vai me aceitar", "Eles nunca vão mudar". Essas narrativas tornam-se armaduras emocionais que, embora protejam, também isolam.

Perdoar não é um processo automático. Requer reflexão e empatia. O primeiro passo é reconhecer os sentimentos envolvidos — dor, raiva, decepção. Permita-se sentir essas emoções sem julgamento. Elas são legítimas e apontam para feridas que precisam de atenção. Depois de identificar os sentimentos, pergunte-se: "O que esse ressentimento tem me custado? Ele está me ajudando ou me prendendo?" Muitas vezes, perceber o impacto negativo de guardar mágoas é o que motiva o desejo de perdoar.

Outro ponto essencial é compreender a perspectiva do outro. Ninguém é perfeito, e todos carregam suas próprias dores e limitações. Isso não invalida os erros cometidos, mas oferece um contexto que pode facilitar a compaixão. Tente imaginar o que levou a outra pessoa a agir de determinada forma. Foi medo? Falta de compreensão? Influências externas? Esse exercício não busca desculpar o comportamento, mas humanizar quem causou a dor.

Para alguns, o perdão acontece de forma silenciosa, interna. É o momento em que se escolhe deixar de lado o peso do rancor. Para outros, ele exige diálogo. Conversar sobre mágoas passadas pode ser um processo desafiador, mas extremamente transformador. Ao abordar alguém para falar sobre perdão, escolha um momento de calma. Comece reconhecendo seus próprios sentimentos e, em seguida, expresse como as ações do outro o afetaram. Use frases como "Eu me senti machucado quando..." ou "Gostaria de entender melhor o que aconteceu naquele momento." Evite acusações; o objetivo é abrir espaço para a reconciliação, não perpetuar o conflito.

Contudo, esteja preparado para a possibilidade de que o outro não esteja pronto para aceitar ou oferecer perdão. Isso pode ser frustrante, mas lembre-se de que o perdão é uma jornada individual. Você pode escolher perdoar mesmo que o outro não reconheça seus erros. Nesse caso, o perdão se torna um presente que você oferece a si mesmo, um passo para liberar a dor e seguir em frente.

Por vezes, o perdão familiar exige a mediação de terceiros. Terapia familiar ou orientação com um mediador experiente pode ajudar a quebrar barreiras que parecem intransponíveis. Essas ferramentas criam um espaço seguro para que cada membro da família possa expressar seus sentimentos e trabalhar na reconstrução de laços.

Reconstruir relacionamentos familiares após o perdão é um processo gradual. Não espere que tudo volte ao "normal" imediatamente. Confiança e harmonia precisam ser cultivadas. Pequenos gestos — um telefonema, uma visita, um convite para um café — podem ser o início de uma nova fase. Esteja disposto a dar e receber, a criar memórias que substituam as antigas feridas.

Também é importante lembrar que o perdão não é sinônimo de manter relacionamentos prejudiciais a qualquer custo. Em alguns casos, mesmo após o perdão, estabelecer limites claros é necessário. Se a relação familiar continuar tóxica ou abusiva, proteger seu bem-estar deve ser a prioridade. Perdoar é uma escolha interna, mas manter-se em ambientes seguros é uma escolha prática.

Enquanto percorre essa jornada, celebre cada pequeno avanço. O perdão familiar é uma das experiências mais desafiadoras e gratificantes da vida. Ele não apenas transforma relacionamentos, mas também cura feridas internas, permitindo que você avance com leveza e clareza.

Ao final, o perdão familiar se revela não apenas como um ato de reconciliação, mas como um ato de libertação. Ele nos conecta com nossa humanidade compartilhada e nos lembra que, mesmo nas relações mais complexas, há espaço para amor, compreensão e renovação. A partir dessa base, é possível construir laços mais fortes, mais autênticos e mais significativos, onde o passado serve como aprendizado, e não como prisão.

Capítulo 27
Gratidão e Transformação

A gratidão é uma força transformadora, capaz de alterar a maneira como percebemos a vida, enfrentamos os desafios e nos conectamos com os outros. Embora frequentemente subestimada, ela atua como um catalisador para mudanças internas profundas, oferecendo clareza e fortalecimento emocional. Para quem está em busca de ressocialização e autotransformação, praticar a gratidão pode abrir portas para uma nova forma de viver.

A natureza da gratidão vai além de agradecer por algo pontual; ela envolve uma apreciação mais ampla das experiências, mesmo aquelas que, à primeira vista, parecem negativas. Enxergar as dificuldades como oportunidades de aprendizado é um dos primeiros passos para incorporar a gratidão à rotina. Essa mentalidade muda o foco do que falta para aquilo que já existe, criando um alicerce emocional mais estável e resiliente.

O impacto da gratidão no estado emocional é significativo. Ao cultivar esse hábito, o indivíduo começa a reprogramar a mente para identificar aspectos positivos no cotidiano, mesmo em cenários desafiadores. Essa prática reduz a percepção de escassez, que muitas vezes é alimentada por crenças limitantes e pela comparação com os outros. Em vez de se concentrar no que foi perdido ou no que não se tem, a gratidão nos ensina a valorizar o que permanece, fortalecendo nossa capacidade de seguir em frente.

Praticar a gratidão é algo que pode ser incorporado de maneira simples, mas poderosa, no dia a dia. Manter um diário de gratidão, por exemplo, é uma prática transformadora. Nele, o leitor é incentivado a registrar, diariamente, três coisas pelas quais é grato. Esses registros podem incluir situações grandes, como o apoio de um amigo, ou pequenas alegrias, como o sabor de uma refeição ou o calor do sol em um dia frio. Esse exercício fortalece a consciência sobre os aspectos positivos que muitas vezes passam despercebidos.

A gratidão também pode ser expressa verbalmente. Agradecer diretamente a alguém que fez algo significativo é uma prática que fortalece os laços e cria um ciclo positivo nas relações interpessoais. Dizer "obrigado" com sinceridade transforma as dinâmicas sociais, inspirando reciprocidade e promovendo empatia. Além disso, ouvir o impacto positivo que nossas ações têm sobre os outros pode ser profundamente recompensador.

Outro exercício eficaz é o da "carta de gratidão". Nesse processo, o leitor escreve uma carta detalhada para alguém que desempenhou um papel importante em sua vida, expressando o impacto positivo que essa pessoa teve. A carta pode ser entregue ou não, mas o simples ato de escrevê-la permite revisitar memórias com um olhar mais atento e reconhecer a importância das conexões humanas.

No entanto, é essencial lembrar que a gratidão não elimina as dificuldades ou as emoções negativas. Ela coexiste com a dor e os desafios, oferecendo um contrapeso saudável. É possível sentir-se grato e, ao mesmo tempo, reconhecer as adversidades enfrentadas. Essa dualidade é uma das principais forças da gratidão, pois ela nos ensina a aceitar a complexidade da vida sem perder de vista o que há de bom.

Para quem enfrenta preconceitos, rejeições ou outros obstáculos relacionados ao processo de ressocialização, a prática da gratidão pode servir como uma âncora emocional. Reconhecer os pequenos avanços na jornada, como uma oportunidade de emprego, um gesto de gentileza ou até mesmo a própria decisão de mudar, ajuda a manter a motivação. A gratidão nos lembra de que cada passo conta e de que, mesmo em meio a dificuldades, há algo a ser celebrado.

Além do impacto individual, a gratidão também fortalece comunidades. Quando praticada de forma coletiva, ela cria um ambiente de cooperação e apoio mútuo. Participar de grupos de apoio ou atividades comunitárias é uma maneira de compartilhar e receber gratidão, ampliando seu efeito positivo. Esses ambientes também oferecem a chance de aprender com as histórias de outras pessoas, inspirando novas perspectivas sobre a vida.

Por fim, é importante destacar que a gratidão não é um estado permanente, mas uma prática contínua. Ela requer esforço consciente, especialmente em momentos de dificuldade. No entanto, quanto mais ela é cultivada, mais natural se torna. Com o tempo, a gratidão se transforma em uma lente por meio da qual a vida é vista de forma mais rica e significativa.

Ao incorporar a gratidão como parte integral da transformação pessoal, o leitor não apenas fortalece sua resiliência emocional, mas também cria um espaço para o crescimento, a empatia e a conexão. A gratidão nos lembra de que, independentemente das circunstâncias, sempre há algo a valorizar, algo que nos impulsiona a continuar construindo uma vida mais plena e equilibrada.

Capítulo 28
Rotina Positiva

Uma rotina estruturada e positiva é o alicerce para uma transformação duradoura. Ela não apenas organiza as tarefas diárias, mas também reflete os valores e objetivos do indivíduo, promovendo equilíbrio entre as várias áreas da vida. Construir uma rotina eficaz exige esforço consciente, mas seu impacto no bem-estar e na produtividade é imensurável.

A criação de uma rotina positiva começa com o reconhecimento de como o tempo está sendo utilizado. Muitas vezes, as horas se esvaem em atividades que não agregam valor à vida, resultando em frustração e sensação de estagnação. Para mudar esse cenário, é fundamental fazer uma análise honesta do dia a dia, identificando hábitos improdutivos e tarefas que consomem energia sem trazer benefícios reais.

Uma vez identificados os pontos de melhoria, é hora de planejar. A rotina deve ser construída de forma a refletir as prioridades e metas do leitor. Por exemplo, se um dos objetivos é melhorar a saúde física, incluir exercícios regulares na programação diária torna-se indispensável. Da mesma forma, se o foco é o desenvolvimento pessoal, reservar tempo para leitura, estudos ou práticas reflexivas é essencial.

A consistência é um dos pilares da construção de uma rotina positiva. Embora seja normal enfrentar dias desafiadores, manter o compromisso com as atividades planejadas é o que transforma ações isoladas em hábitos consolidados. Pequenos rituais, como definir horários fixos para acordar, fazer refeições e dormir, ajudam a criar um ritmo diário que facilita a manutenção da rotina.

A flexibilidade, entretanto, também deve ser considerada. Uma rotina positiva não significa rigidez extrema, mas sim um equilíbrio entre disciplina e adaptabilidade. É importante permitir ajustes quando necessário, para que a programação não se torne uma fonte de estresse. Isso é especialmente relevante para pessoas em processo de ressocialização, que podem enfrentar situações inesperadas que exigem mudanças na agenda.

A integração de momentos de autocuidado é uma parte indispensável de uma rotina positiva. Esses momentos não precisam ser complexos; podem incluir práticas simples, como meditar por alguns minutos, ouvir uma música relaxante ou preparar uma refeição saudável. Essas pausas revitalizam a mente e o corpo, garantindo energia para enfrentar os desafios do dia.

Outra prática valiosa é a organização do espaço físico. Ambientes desorganizados podem causar distração e desconforto, dificultando a execução de tarefas. Reservar tempo para arrumar o local de trabalho, os materiais de estudo ou mesmo o quarto é uma forma de criar um ambiente que favoreça a concentração e a tranquilidade.

A tecnologia pode ser uma grande aliada na criação e manutenção de uma rotina. Aplicativos de gerenciamento de tempo, lembretes e agendas digitais ajudam a organizar tarefas e acompanhar o progresso. No entanto, é importante ter cuidado para que o uso excessivo de dispositivos não se torne uma distração. Estabelecer limites para o tempo de tela e evitar o uso de dispositivos em momentos de descanso são estratégias úteis.

A prática da gratidão, abordada no capítulo anterior, também pode ser incorporada à rotina diária. Reservar alguns minutos para refletir sobre o que foi positivo no dia ajuda a manter uma perspectiva equilibrada, mesmo quando os desafios parecem prevalecer. Essa prática é particularmente eficaz no final do dia, permitindo que o leitor encerre suas atividades com uma sensação de realização.

Para reforçar o impacto de uma rotina positiva, é útil revisá-la regularmente. À medida que as circunstâncias mudam, as prioridades e metas podem evoluir, exigindo ajustes na programação. Essa revisão pode ser feita semanalmente ou mensalmente, garantindo que a rotina continue alinhada com os objetivos do leitor.

Por fim, celebrar os pequenos avanços na implementação da rotina é essencial. Cada dia em que as tarefas são realizadas com sucesso é uma vitória que deve ser reconhecida. Essas celebrações, por menores que pareçam, fortalecem a motivação e consolidam os novos hábitos.

Desenvolver uma rotina positiva é mais do que uma questão de organização; é um compromisso com o crescimento pessoal e o bem-estar. Ela cria uma estrutura que apoia o leitor em sua jornada de ressocialização, oferecendo estabilidade e clareza em meio às incertezas da vida. Com consistência e flexibilidade, a rotina se torna uma ferramenta poderosa para transformar sonhos em realidade.

Capítulo 29
Medos do Futuro

O futuro carrega uma aura de incerteza que pode provocar angústia e paralisar decisões. No entanto, entender o medo do desconhecido como uma manifestação natural da mente humana é o primeiro passo para enfrentá-lo. Aceitar a vulnerabilidade diante do incerto é essencial para avançar, transformando ansiedade em motivação e dúvida em confiança.

O medo do futuro, embora comum, tem raízes em crenças limitantes e experiências passadas. Ele surge, muitas vezes, do receio de fracassar, de enfrentar julgamentos ou de não estar à altura das expectativas impostas por si mesmo ou por outros. Para superá-lo, é necessário identificar suas origens, explorando os pensamentos que o alimentam. Um bom exercício é questionar essas crenças: "O que realmente pode acontecer de pior? Como lidaria com isso?" Essas perguntas, simples, ajudam a desmistificar cenários que parecem intransponíveis.

A prática de visualizar cenários positivos é uma ferramenta poderosa para lidar com o medo. Quando a mente está acostumada a imaginar resultados negativos, ela se prepara para falhar antes mesmo de tentar. Ao substituir pensamentos de catástrofe por imagens de sucesso e superação, o leitor pode começar a reprogramar sua percepção do futuro. Essa técnica não se limita à abstração; deve ser acompanhada de ações concretas que transformem essas visões em possibilidades reais.

Planejar é outro componente indispensável. Um plano bem estruturado não elimina o desconhecido, mas oferece um senso de controle e direção. Estabelecer metas de curto, médio e longo prazo permite que o leitor avance em sua jornada sem se sentir sobrecarregado pela vastidão do futuro. Essas metas devem ser específicas e realistas, permitindo um progresso contínuo e mensurável.

Para que o planejamento seja eficaz, é importante reconhecer que imprevistos fazem parte da vida. Ter flexibilidade para ajustar o curso sem perder de vista os objetivos principais é uma habilidade valiosa. Isso ajuda a reduzir a pressão de seguir um roteiro perfeito, aceitando que a adaptação é uma forma de evolução.

O apoio emocional desempenha um papel crucial no enfrentamento dos medos. Conversar com pessoas de confiança sobre ansiedades e expectativas pode trazer alívio e perspectivas diferentes. Além disso, mentores, amigos ou até profissionais de saúde mental podem oferecer insights e orientações que ampliam a capacidade do leitor de lidar com desafios. Criar uma rede de apoio sólida é um investimento que fortalece a resiliência emocional.

Técnicas de mindfulness são aliadas poderosas para manter o foco no presente, reduzindo a tendência de ruminar sobre possíveis problemas futuros. Práticas como meditação e exercícios de respiração ajudam a acalmar a mente e a redirecionar a atenção para o aqui e agora. Quando o presente é vivido com plenitude, o futuro deixa de ser uma fonte constante de angústia e se torna um horizonte a ser explorado.

Além disso, aprender a reinterpretar o medo como uma forma de impulso em vez de um obstáculo pode transformar a relação do leitor com o futuro. O medo, quando reconhecido e entendido, pode ser um sinal de que o caminho escolhido é significativo. Ele indica que o que está em jogo importa, despertando o desejo de se preparar e se superar.

Aceitar a possibilidade de falhas no percurso também é libertador. O fracasso não é um indicador de incapacidade, mas uma oportunidade de aprendizado e crescimento. Cada erro contém lições valiosas que podem ser aplicadas em tentativas futuras. Essa visão ajuda a aliviar a pressão de "acertar de primeira", permitindo uma abordagem mais leve e sustentável.

A prática de registrar pensamentos e reflexões em um diário é outra estratégia útil. Escrever sobre medos, objetivos e progressos cria uma visão clara dos desafios e das conquistas. Esse hábito não apenas organiza ideias, mas também revela padrões de comportamento e pensamento que podem ser ajustados para enfrentar o desconhecido com mais confiança.

Por fim, encontrar inspiração em histórias de superação pode servir como um lembrete de que o futuro é moldável. Relatos de pessoas que enfrentaram adversidades e alcançaram seus objetivos mostram que o sucesso não é uma linha reta, mas um conjunto de escolhas conscientes e persistentes.

Enfrentar os medos do futuro não significa eliminá-los completamente, mas aprender a conviver com eles de maneira construtiva. O desconhecido, longe de ser um inimigo, é um território de possibilidades infinitas. Com ferramentas práticas, apoio emocional e uma mentalidade resiliente, o leitor estará preparado para transformar a incerteza em um motor para sua transformação. O futuro não é algo a ser temido, mas a ser criado.

Capítulo 30
Comunidade Positiva

A solidão é muitas vezes uma companheira silenciosa nos processos de transformação. Sentir-se isolado em uma jornada de mudança pode ser desmotivador e, em certos casos, até mesmo sufocante. Por isso, conectar-se com uma comunidade positiva é mais do que um passo estratégico; é uma necessidade humana que sustenta e potencializa o crescimento. As pessoas com quem compartilhamos nossas vivências têm o poder de nos inspirar, guiar e motivar em momentos de dúvida ou desânimo.

Uma comunidade positiva é composta por indivíduos que compartilham valores construtivos, incentivam o desenvolvimento pessoal e oferecem suporte genuíno. Reconhecer essa comunidade nem sempre é uma tarefa simples, especialmente para quem esteve inserido em ambientes marcados por ciclos de violência, desconfiança ou negatividade. Ainda assim, identificar e buscar novas conexões é um ato de coragem que recompensará o leitor com oportunidades de crescimento e pertencimento.

O primeiro passo para encontrar uma comunidade positiva é refletir sobre seus próprios valores e objetivos. Quem deseja ressocializar-se ou reconstruir sua vida precisa alinhar suas conexões às metas que busca alcançar. Perguntar-se "que tipo de pessoa quero me tornar?" ou "que qualidades admiro em outros?" é fundamental para traçar um perfil das relações que deseja cultivar. Uma comunidade positiva não apenas acolhe, mas também desafia o indivíduo a se superar.

Ambientes como grupos de apoio, cursos, atividades culturais e esportivas são ótimos espaços para começar. Participar de workshops ou palestras que reflitam os interesses do leitor oferece a oportunidade de conhecer pessoas com objetivos semelhantes. A internet também desempenha um papel importante na formação de conexões significativas. Fóruns, redes sociais e comunidades virtuais podem ser pontos de partida para interações enriquecedoras, especialmente para aqueles que ainda se sentem inseguros para socializar presencialmente.

No entanto, nem todas as conexões são imediatamente benéficas. Desenvolver a capacidade de avaliar as dinâmicas de um grupo é crucial para evitar comunidades que aparentam ser positivas, mas reforçam comportamentos prejudiciais. Características de uma comunidade saudável incluem respeito mútuo, apoio sem julgamentos e incentivo à autonomia. Por outro lado, ambientes que promovem competição desleal, dependência emocional ou comportamentos destrutivos devem ser evitados.

Ao se inserir em um novo círculo social, a escuta ativa torna-se uma ferramenta poderosa. Mostrar interesse genuíno nas histórias e opiniões dos outros abre portas para relacionamentos mais profundos e autênticos. Além disso, compartilhar suas próprias experiências, no ritmo que considerar confortável, ajuda a construir confiança mútua. Relações sólidas baseiam-se na troca de vulnerabilidades e no fortalecimento mútuo.

Estabelecer limites é igualmente importante. Conectar-se com uma comunidade positiva não significa aceitar todas as exigências ou expectativas impostas pelo grupo. A capacidade de dizer "não" quando necessário é um sinal de maturidade emocional e preserva a integridade pessoal. Ao mesmo tempo, é essencial retribuir o apoio recebido, contribuindo para o crescimento coletivo com suas habilidades, ideias ou simplesmente com sua presença acolhedora.

A convivência em uma comunidade positiva também ensina valiosas lições sobre empatia e diversidade. Estar em contato com pessoas de diferentes origens e perspectivas enriquece a visão de mundo e amplia a compreensão sobre desafios que, à primeira vista, podem parecer intransponíveis. A troca de experiências mostra que, embora as jornadas sejam únicas, as emoções e desejos humanos são universais.

É importante ressaltar que o processo de se conectar com uma comunidade não é linear. Pode haver tropeços, desentendimentos ou a necessidade de se afastar de grupos que inicialmente pareciam adequados, mas que se mostram desalinhados com os valores do leitor. Essa flexibilidade para reavaliar conexões é uma parte natural da jornada de construção de relacionamentos saudáveis.

Por fim, a escolha de uma comunidade positiva não deve ser vista apenas como uma estratégia pessoal, mas como uma forma de contribuir para algo maior. Ao se inserir em um grupo, o leitor também pode se tornar um agente de mudança, inspirando outros e criando um ambiente ainda mais enriquecedor. Pequenos atos de generosidade e solidariedade reverberam de maneira poderosa, construindo uma rede de apoio que transcende indivíduos.

Ao se conectar com uma comunidade positiva, o leitor não apenas encontra suporte para sua transformação, mas também descobre o valor de fazer parte de algo maior do que si mesmo. Essa conexão fortalece, inspira e, acima de tudo, lembra que ninguém precisa enfrentar a jornada da vida sozinho.

Capítulo 31
Confiança em Si

A confiança em si mesmo é como um alicerce para qualquer transformação duradoura. Ela não nasce do nada; é cultivada por meio de experiências, escolhas e, principalmente, pela capacidade de superar adversidades. Para alguém que trilha o caminho da ressocialização, reconstruir essa confiança pode ser um dos maiores desafios, mas também uma das conquistas mais recompensadoras.

Recuperar a autoconfiança exige um olhar honesto para o passado. Não se trata de negar erros ou fracassos, mas de entender que eles não definem a totalidade de quem somos. A cada decisão errada, houve uma intenção, um contexto, talvez até uma tentativa de sobrevivência. Enxergar as nuances dessas escolhas permite que você as aceite sem se deixar consumir pela vergonha ou pelo arrependimento. Aceitar-se, com todas as falhas e qualidades, é o primeiro passo.

A autoconfiança muitas vezes é abalada por comparações injustas com os outros. É comum se ver em desvantagem quando olhamos para a vida de pessoas que aparentam sucesso ou estabilidade. Porém, cada história tem suas particularidades, e comparar trajetórias diferentes é um exercício fútil e prejudicial. Em vez disso, o foco deve estar em sua própria jornada: onde você estava ontem, onde está hoje e onde deseja chegar. Essa perspectiva transforma o progresso pessoal em motivo de orgulho.

Conquistas, por menores que sejam, desempenham um papel essencial na reconstrução da confiança. Todo esforço bem-sucedido — mesmo algo simples como completar uma tarefa ou iniciar um novo hábito — é um lembrete de que você é capaz. Registrar essas pequenas vitórias, seja em um diário, em notas no celular ou até mentalmente, cria um ciclo positivo de motivação. Cada conquista deve ser reconhecida e valorizada, pois juntas, elas constroem um mosaico de força e resiliência.

Desafiar-se é outro componente essencial. A confiança não cresce no conforto; ela floresce na superação de limites. Pequenos desafios, planejados e executados com cuidado, podem trazer enormes benefícios. Isso pode significar aprender algo novo, enfrentar um medo ou até mesmo retomar um sonho esquecido. Ao perceber que é possível superar aquilo que antes parecia intransponível, sua confiança naturalmente se fortalece.

Porém, é importante reconhecer que essa jornada não é linear. Haverá momentos de dúvida, insegurança e, talvez, recaídas. Nesses momentos, a autocompaixão é uma ferramenta poderosa. Trate-se com a mesma gentileza e compreensão que você ofereceria a um amigo querido. Lembre-se de que todos cometem erros e enfrentam dificuldades, mas isso não diminui o valor ou a capacidade de ninguém.

Rodear-se de pessoas que acreditam em você também é vital. Elas podem ser familiares, amigos ou até novos conhecidos que enxergam seu potencial e apoiam suas metas. Esses relacionamentos não apenas fornecem apoio emocional, mas também funcionam como um espelho que reflete suas qualidades, ajudando você a enxergar seu valor quando a dúvida surgir.

Outra prática importante é reavaliar e desafiar pensamentos negativos. Muitas vezes, a falta de confiança está ligada a crenças enraizadas, como "não sou bom o suficiente" ou "sempre vou fracassar". Identificar esses pensamentos e substituí-los por afirmações positivas e realistas é um exercício transformador. Por exemplo, em vez de pensar "não sou capaz de mudar", diga a si mesmo: "Estou fazendo progressos todos os dias, e isso é o que importa".

Cultivar habilidades também é um caminho seguro para fortalecer a autoconfiança. Aprender algo novo, seja uma habilidade prática ou intelectual, proporciona um senso de realização e utilidade. Pode ser algo simples, como cozinhar uma nova receita, ou mais elaborado, como aprender uma nova língua ou concluir um curso. Cada nova habilidade adquirida é uma prova concreta de sua capacidade de evoluir e enfrentar desafios.

Visualize o futuro que você deseja para si. Imagine-se vivendo de acordo com seus valores, alcançando metas e se tornando a pessoa que você deseja ser. Essa prática de visualização não é apenas motivadora; ela também ajuda a consolidar sua autoconfiança ao mostrar que um futuro positivo é possível e está ao seu alcance.

Reconstruir a confiança em si mesmo não acontece da noite para o dia, mas é um processo contínuo que se fortalece a cada passo dado. Com paciência, prática e um compromisso consigo mesmo, é possível não apenas recuperar a autoconfiança, mas também torná-la inabalável. Este é o alicerce sobre o qual uma nova vida pode ser erguida, repleta de propósito, força e realização.

Capítulo 32
Paciência e a Persistência

A paciência é uma virtude rara em um mundo que demanda resultados imediatos. A persistência, por sua vez, é a força que nos mantém avançando mesmo diante de obstáculos aparentemente intransponíveis. Para quem busca ressocialização e transformação, essas duas qualidades são pilares indispensáveis, capazes de sustentar o progresso em um caminho muitas vezes repleto de desafios.

Desenvolver a paciência começa com a aceitação de que o tempo é um aliado, não um inimigo. Transformações reais não acontecem de forma instantânea, pois exigem a construção de novas bases emocionais, sociais e práticas. Cada etapa do processo — por mais lenta que pareça — é essencial. Aceitar que algumas coisas levam tempo não é um sinal de resignação, mas de maturidade e confiança no processo.

A paciência, entretanto, não se manifesta sozinha. Ela precisa de apoio de práticas que a reforcem, como o autocuidado e a reflexão. Reservar momentos diários para respirar, meditar ou simplesmente observar os próprios pensamentos sem julgá-los ajuda a reduzir a ansiedade e a sensação de urgência. Essa prática cria um espaço interno onde a paciência pode florescer.

Persistência é a ação que dá forma ao progresso. Ela é a repetição contínua do esforço, mesmo quando os resultados não são imediatos. Persistir, no entanto, não significa insistir cegamente. Exige uma análise constante do que está funcionando e do que precisa ser ajustado. É a habilidade de se adaptar e recomeçar com novas estratégias, sem perder o objetivo de vista.

Grandes conquistas são o resultado de pequenas ações repetidas. Quem aprende a quebrar metas maiores em tarefas menores — diárias ou semanais — descobre que o impossível começa a parecer alcançável. Completar uma tarefa simples, mas significativa, cria um ciclo de progresso. A cada passo, a confiança aumenta, e a motivação para continuar é renovada.

A persistência também requer resiliência diante de fracassos. É fácil continuar quando tudo parece ir bem, mas o verdadeiro teste de determinação ocorre nos momentos difíceis. Encarar contratempos não como sinais de fracasso, mas como oportunidades para aprender, é o que separa aqueles que desistem daqueles que perseveram. Cada erro, quando analisado, traz uma lição valiosa sobre como avançar com mais sabedoria.

Outro aspecto essencial tanto da paciência quanto da persistência é ter um propósito claro. Saber exatamente o que você deseja alcançar e por que isso é importante torna mais fácil suportar as dificuldades e resistir à tentação de desistir. O propósito atua como uma bússola, orientando suas ações e ajudando a lembrar por que vale a pena continuar mesmo quando o progresso é lento.

Praticar a paciência e a persistência também significa aceitar que a vida é feita de ciclos. Há períodos de crescimento rápido e períodos de estagnação aparente. Mas mesmo a estagnação serve a um propósito: ela permite que você assimile aprendizados, recupere forças e prepare o terreno para o próximo avanço. Essa compreensão traz serenidade nos momentos de espera e energia renovada nos momentos de ação.

Para fortalecer a persistência, é útil criar lembretes visuais ou rituais que reforcem seus objetivos. Um mural com metas, frases motivacionais ou imagens que simbolizem o futuro que você deseja pode ser um recurso poderoso. Revisar essas motivações diariamente mantém o foco e ajuda a evitar distrações que possam desviar do caminho.

Além disso, a paciência e a persistência podem ser desenvolvidas em conjunto com outras pessoas. Contar com o apoio de uma rede confiável — sejam amigos, mentores ou grupos de apoio — oferece incentivo nos momentos de fraqueza. Compartilhar desafios e conquistas com quem compreende sua jornada fortalece sua determinação e lembra que você não está sozinho.

Por fim, cultivar a paciência e a persistência é, acima de tudo, um ato de amor-próprio. É reconhecer que você merece o tempo e o esforço necessários para se tornar quem deseja ser. É saber que cada momento de dedicação, por menor que pareça, é uma semente plantada em solo fértil. E quando as flores começarem a desabrochar, você perceberá que cada segundo investido valeu a pena.

Com paciência para esperar e persistência para agir, o caminho da transformação se torna não apenas possível, mas inevitável. As dificuldades deixam de ser barreiras e se transformam em degraus, conduzindo você para uma versão mais forte, sábia e realizada de si mesmo.

Capítulo 33
Zona de Conforto

A zona de conforto é um lugar familiar e aparentemente seguro. No entanto, permanecer nesse espaço pode ser uma armadilha que impede o crescimento e a realização pessoal. Para quem busca ressocialização e transformação, superar os limites dessa zona é essencial. É fora dela que surgem as oportunidades de evolução e as ferramentas para construir uma vida verdadeiramente nova.

A natureza da zona de conforto é paradoxal. Embora proporcione uma sensação de segurança, ela também nos prende a padrões antigos que, muitas vezes, contribuíram para dificuldades e escolhas erradas. Permanecer nesse estado é como navegar em círculos em um lago, sem nunca explorar os rios que levam ao oceano. O primeiro passo para superar essa inércia é reconhecer que a zona de conforto não é um lugar permanente. Ela pode e deve ser expandida.

Expandir esses limites começa com pequenas ações deliberadas. A mudança não precisa ser radical de imediato. É possível iniciar com passos simples, como experimentar algo novo no dia a dia, seja uma conversa com alguém desconhecido, um hobby que você nunca considerou ou até mesmo um trajeto diferente para lugares rotineiros. Cada nova experiência rompe barreiras invisíveis e mostra que o desconhecido não é tão ameaçador quanto parece.

A chave para sair da zona de conforto é mudar a mentalidade em relação ao medo. Medo do fracasso, do julgamento ou de perder o controle são emoções comuns que nos prendem. No entanto, o medo é, na verdade, um sinal de que estamos no limiar do crescimento. Encará-lo como um aliado, em vez de um inimigo, transforma a perspectiva. O desconforto inicial é inevitável, mas ele é passageiro. O que permanece são os aprendizados e a força adquirida ao enfrentá-lo.

Outro aspecto importante é a autocompaixão durante o processo. Sair da zona de conforto não é linear; haverá momentos de retrocesso e hesitação. Permitir-se errar sem julgamento é essencial para manter o progresso. Cada tentativa é um passo adiante, mesmo que não produza os resultados esperados de imediato. O importante é continuar tentando, sabendo que cada esforço amplia seus horizontes.

A zona de conforto também está profundamente conectada à forma como percebemos nossas habilidades e limitações. Crenças como "eu não sou bom nisso" ou "não vou conseguir" são obstáculos internos que precisam ser desafiados. A prática da autoafirmação e a substituição de pensamentos negativos por mensagens de encorajamento podem ser poderosas ferramentas para vencer essas barreiras. Experiências positivas gradualmente reprogramam a mente para aceitar que você é capaz de realizar mais do que imagina.

Um método eficaz para superar esses limites é estabelecer desafios pessoais. Esses desafios devem ser específicos, alcançáveis e progressivamente mais ambiciosos. Por exemplo, se você tem dificuldade em falar em público, pode começar treinando sozinho, depois com um pequeno grupo de amigos e, eventualmente, em um ambiente maior. Cada etapa bem-sucedida constrói confiança e amplia o raio da zona de conforto.

A busca por referências inspiradoras também é fundamental. Observar pessoas que superaram medos semelhantes ou que enfrentaram grandes desafios pode oferecer a motivação necessária. Suas histórias mostram que o desconforto e as dificuldades são parte integrante do processo de crescimento, mas que o esforço vale a pena. Esses exemplos nos lembram de que a mudança é possível para todos, independentemente do ponto de partida.

Além disso, a zona de conforto não é apenas individual; ela é influenciada pelo ambiente ao nosso redor. Cercar-se de pessoas que encorajam o crescimento, em vez de reforçar padrões limitantes, é crucial. Essas conexões podem oferecer suporte emocional e prático, ajudando você a enfrentar o desconhecido com mais segurança.

É importante destacar que sair da zona de conforto não significa abandonar completamente a estabilidade. Pelo contrário, o objetivo é encontrar um equilíbrio saudável entre conforto e desafio. Construir uma base sólida de autoconfiança e segurança interna permite que você enfrente riscos calculados sem se sentir sobrecarregado.

Ao final, o processo de superar a zona de conforto não é apenas sobre os resultados tangíveis que você alcança, mas sobre a pessoa que você se torna no caminho. Cada desafio enfrentado fortalece sua resiliência, amplia sua visão de mundo e revela capacidades que talvez você nem soubesse que possuía. Essa evolução pessoal é o verdadeiro triunfo.

O novo terreno que você explora ao deixar a zona de conforto se torna, eventualmente, parte dela. E, quando isso acontecer, será hora de buscar novos horizontes novamente. Esse ciclo contínuo de crescimento é o que transforma vidas e permite que você construa um futuro pleno de possibilidades.

Capítulo 34
Criatividade

A criatividade é uma força poderosa e muitas vezes subestimada, especialmente quando se trata de resolver problemas. Ao contrário do que se pensa, ela não é um dom exclusivo de artistas ou inventores. Todos têm a capacidade de pensar criativamente, e, para quem busca ressocialização e transformação, a criatividade pode ser uma aliada essencial na superação de desafios e na construção de um futuro sólido.

Resolver problemas de forma criativa começa com uma mudança na maneira de enxergá-los. É natural que dificuldades sejam vistas como barreiras intransponíveis, mas é possível reinterpretá-las como oportunidades para inovar e crescer. Uma abordagem criativa permite que você olhe para os problemas sob ângulos diferentes, encontrando soluções que antes pareciam invisíveis.

A base da criatividade está na flexibilidade mental. Para desenvolvê-la, é necessário praticar o desapego de ideias fixas e explorar novas possibilidades. Isso exige coragem para sair do convencional, questionar pressupostos e abrir-se para novas perspectivas. Perguntar a si mesmo "E se?" é um dos exercícios mais simples e eficazes para estimular o pensamento criativo. Por exemplo, em vez de perguntar "Por que isso aconteceu comigo?", substitua por "E se eu usar essa experiência para crescer de uma maneira que nunca imaginei?".

A prática do brainstorming é outra ferramenta valiosa. Nesse método, o objetivo é gerar o maior número possível de ideias sem julgá-las inicialmente. Anote tudo o que vier à mente, mesmo que pareça absurdo ou impraticável. Muitas vezes, soluções criativas nascem de ideias que, à primeira vista, não fazem sentido. Após gerar uma lista extensa, você pode avaliá-la com calma, selecionando as opções mais viáveis ou combinando ideias para criar algo único.

Outra estratégia poderosa é o uso de mapas mentais. Esse recurso visual permite que você organize pensamentos e veja conexões entre ideias que podem não ser óbvias inicialmente. Comece escrevendo o problema central no meio de uma folha e, ao redor, vá adicionando ramificações com possíveis causas, soluções ou até mesmo perguntas que você ainda precisa explorar. À medida que o mapa cresce, novas possibilidades emergem.

A criatividade também se beneficia da inspiração externa. Livros, filmes, músicas e até conversas com outras pessoas podem oferecer novas formas de enxergar uma questão. Muitas vezes, uma solução inovadora surge ao transferir uma ideia de um contexto completamente diferente para o problema que você está enfrentando. Por exemplo, um conceito aprendido em uma atividade cotidiana pode ser adaptado para resolver uma situação complexa.

Além disso, práticas como o pensamento lateral ajudam a romper com o raciocínio linear e encontrar caminhos alternativos. Esse método consiste em abordar o problema de maneira indireta, usando analogias, associações livres e exercícios mentais para gerar soluções inesperadas. Imagine, por exemplo, que você está tentando resolver um conflito em um relacionamento. Perguntar-se "Como um mediador profissional lidaria com isso?" ou "Como essa situação seria resolvida se fosse um jogo de tabuleiro?" pode trazer insights úteis.

A criatividade floresce em ambientes de estímulo. Por isso, criar momentos dedicados à reflexão e ao relaxamento é essencial. Situações de estresse constante ou rotina rígida inibem o pensamento criativo. Reserve tempo para atividades prazerosas, como caminhadas ao ar livre, ouvir música ou até mesmo brincar com ideias sem um objetivo claro. Esses momentos permitem que sua mente se reorganize e encontre soluções em segundo plano.

Além disso, colaborar com outras pessoas pode enriquecer o processo criativo. Trabalhar em grupo traz perspectivas variadas e ideias que você talvez nunca tivesse considerado sozinho. Compartilhar seus desafios com amigos confiáveis ou colegas de um ambiente positivo cria um espaço onde ideias podem ser discutidas, refinadas e testadas.

No entanto, não basta ter ideias criativas; é necessário colocá-las em prática. A ação é o que transforma pensamentos inovadores em soluções reais. Para isso, desenvolva um plano simples e execute-o de forma gradual, ajustando-o conforme necessário. Lembre-se de que não existe uma fórmula perfeita, e cada tentativa é uma oportunidade de aprendizado.

O fracasso, nesse contexto, não deve ser visto como um fim, mas como parte do processo criativo. Muitos avanços surgem de experimentos que não deram certo inicialmente. Quando algo não funciona, pergunte-se o que pode ser aprendido e quais ajustes podem ser feitos. Essa mentalidade de experimentação constante é o que permite que a criatividade se torne uma ferramenta prática e eficaz.

Ao longo da jornada de ressocialização, os problemas podem parecer esmagadores, mas a criatividade oferece um caminho para enfrentá-los com inovação e coragem. É ela que transforma limitações em desafios estimulantes e dificuldades em trampolins para o sucesso. Cada problema resolvido criativamente reforça sua capacidade de adaptação e seu poder de transformar adversidades em oportunidades.

A criatividade, portanto, é mais do que uma habilidade; é uma forma de viver. Adotá-la como parte do seu dia a dia não apenas o ajudará a superar os desafios atuais, mas também a construir uma mentalidade resiliente e inovadora que abrirá portas para um futuro cheio de possibilidades.

Capítulo 35
Pressões Externas

As pressões externas são uma realidade inevitável, especialmente em uma sociedade que frequentemente espera conformidade e reforça padrões de comportamento preestabelecidos. Para quem está em processo de ressocialização e transformação, essas pressões podem se manifestar de maneira ainda mais intensa, seja por meio de preconceitos, julgamentos ou expectativas desmedidas. Lidar com essas influências exige uma abordagem consciente e equilibrada, que fortaleça o senso de identidade sem ignorar as interações sociais.

A influência das pressões externas começa cedo na vida, moldando escolhas, valores e até crenças sobre o que é possível ou aceitável. Amigos, família, colegas de trabalho e a sociedade em geral podem impor suas expectativas, muitas vezes de forma sutil, mas constante. É comum que essas expectativas gerem conflitos internos, quando a busca por aprovação externa contradiz os valores ou objetivos pessoais. Nesse momento, a reflexão torna-se essencial para diferenciar entre o que é realmente importante para você e o que é apenas uma tentativa de atender às demandas dos outros.

O primeiro passo para lidar com as pressões externas é desenvolver o autoconhecimento. Entender quem você é, quais são seus valores e o que realmente deseja ajuda a criar uma base sólida contra as influências externas. Esse processo começa com perguntas fundamentais: "O que é importante para mim?", "Quais são meus objetivos a longo prazo?" e "Quais compromissos estou disposto a assumir?". Quando essas respostas são claras, é mais fácil identificar quando as pressões externas estão tentando desviá-lo de seu caminho.

Estabelecer limites é uma prática fundamental nesse contexto. Limites saudáveis ajudam a proteger seu espaço emocional e mental, permitindo que você tome decisões com base em suas prioridades e não em pressões externas. Isso pode incluir dizer "não" a demandas que não se alinham com seus objetivos, reduzir o tempo gasto com pessoas que influenciam negativamente ou simplesmente se afastar de situações que causam estresse desnecessário. Aprender a dizer "não" de maneira assertiva, mas respeitosa, é uma habilidade valiosa que reforça sua autonomia e autoconfiança.

A assertividade é uma ferramenta poderosa nesse processo. Ela permite que você expresse suas necessidades, opiniões e sentimentos de forma clara e direta, sem recorrer à agressividade ou passividade. Ser assertivo não significa rejeitar todas as opiniões externas, mas sim filtrar aquelas que contribuem para o seu crescimento e descartar as que não servem ao seu propósito. Quando confrontado com críticas ou conselhos não solicitados, respostas simples e firmes, como "Agradeço sua opinião, mas tomei minha decisão com base no que acredito ser melhor para mim", ajudam a reafirmar sua posição sem criar conflitos desnecessários.

Além disso, é importante lembrar que as pressões externas frequentemente refletem as inseguranças ou expectativas não realizadas de quem as impõe. Por exemplo, um amigo que insiste em aconselhá-lo a seguir um caminho específico pode estar projetando seus próprios medos ou frustrações. Reconhecer isso pode ajudá-lo a despersonalizar essas pressões, percebendo que elas não têm relação direta com seu valor ou capacidade.

Manter um círculo de apoio positivo é outra estratégia crucial para lidar com pressões externas. Estar cercado de pessoas que respeitam suas escolhas e incentivam seu crescimento cria um ambiente onde você pode se sentir seguro para explorar novas possibilidades sem medo de julgamento. Essas conexões positivas também servem como um lembrete constante de que você não precisa enfrentar os desafios sozinho.

O autocuidado também desempenha um papel vital nesse processo. Pressões externas podem gerar estresse e ansiedade, afetando a saúde física e mental. Reservar tempo para práticas que promovam bem-estar, como meditação, exercícios físicos ou hobbies criativos, ajuda a fortalecer sua resiliência contra as influências externas. Essas práticas não apenas aliviam o estresse, mas também reforçam sua capacidade de tomar decisões centradas em suas necessidades e valores.

Outro aspecto importante é aprender a lidar com críticas de maneira construtiva. Nem todas as críticas são destrutivas; algumas podem oferecer perspectivas valiosas para o seu crescimento. No entanto, é essencial distinguir entre críticas construtivas e julgamentos maliciosos. Quando receber uma crítica, pergunte-se: "Isso foi dito com intenção de ajudar ou ferir?" e "Essa crítica reflete uma verdade que posso usar para melhorar ou é apenas uma opinião baseada em preconceitos?". Separar o útil do prejudicial permite que você use o feedback de maneira produtiva sem absorver cargas emocionais desnecessárias.

Criar uma rotina de reflexão regular também é uma maneira eficaz de gerenciar pressões externas. Dedicar alguns minutos por dia para revisar suas experiências e emoções ajuda a identificar quando você está sendo influenciado de forma negativa e permite que você faça ajustes antes que isso se torne um problema maior. Escrever em um diário, por exemplo, pode ser uma prática reveladora, pois ajuda a clarificar pensamentos e sentimentos que muitas vezes ficam confusos na correria do dia a dia.

Por fim, é importante reforçar que resistir às pressões externas não significa isolar-se do mundo ou rejeitar todas as interações sociais. Trata-se de encontrar um equilíbrio saudável entre respeitar as opiniões alheias e manter a integridade pessoal. O objetivo é construir uma vida alinhada com seus valores e aspirações, sem se perder nas expectativas dos outros.

Ao desenvolver essas habilidades e estratégias, você se torna mais resistente às influências externas e mais confiante em sua capacidade de tomar decisões que refletem quem você realmente é. Esse processo, embora desafiador, é um passo fundamental para a construção de uma vida autêntica e plena, onde as pressões externas não têm o poder de desviar você de seu caminho.

Capítulo 36
Resiliência Financeira

A resiliência financeira é um dos alicerces para uma vida estável e equilibrada. Muitas vezes, as dificuldades econômicas desempenham um papel central nos ciclos de vulnerabilidade, levando a decisões impulsivas ou comprometendo oportunidades de crescimento pessoal. Superar esses desafios exige não apenas planejamento, mas também uma mudança de mentalidade que promova a autonomia e o controle sobre os recursos disponíveis.

Construir resiliência financeira não é apenas sobre acumular dinheiro, mas sim sobre desenvolver a capacidade de lidar com imprevistos, criar estabilidade a longo prazo e alinhar suas finanças aos seus objetivos de vida. Esse processo começa com uma análise sincera da situação financeira atual. Listar todas as fontes de renda, despesas fixas e variáveis, bem como identificar hábitos que drenam seus recursos, ajuda a criar um panorama claro do ponto de partida.

A elaboração de um orçamento pessoal é um passo essencial para tomar o controle das finanças. Um orçamento eficiente não apenas organiza os gastos, mas também define limites e prioridades. Categorias como alimentação, transporte, habitação e lazer devem ser equilibradas de forma realista, permitindo que você atenda suas necessidades sem negligenciar investimentos no futuro. Além disso, incluir uma categoria para economias, mesmo que pequena, é uma maneira poderosa de construir segurança a longo prazo.

O planejamento financeiro deve ser acompanhado por metas específicas. Essas metas podem variar de pessoa para pessoa, desde pagar dívidas acumuladas até investir em educação ou iniciar um pequeno negócio. Para que sejam alcançáveis, as metas devem ser claras, mensuráveis e divididas em etapas. Por exemplo, em vez de estabelecer como objetivo "economizar dinheiro", defina algo como "guardar R$ 100 por mês durante um ano para criar um fundo de emergência". Metas tangíveis criam motivação e fornecem um senso de progresso.

A construção de um fundo de emergência é uma das práticas mais recomendadas para garantir resiliência financeira. Este fundo serve como uma rede de segurança para lidar com imprevistos, como problemas de saúde, reparos em casa ou perda de renda. Ter pelo menos três a seis meses de despesas básicas guardados em uma conta de fácil acesso oferece tranquilidade e reduz a dependência de empréstimos ou medidas extremas em momentos de crise.

Outro aspecto importante é aprender a gerenciar dívidas. Dívidas podem ser um obstáculo significativo para a resiliência financeira, especialmente quando os juros consomem uma parte considerável da renda mensal. Uma estratégia eficaz é priorizar o pagamento de dívidas com taxas de juros mais altas enquanto mantém os pagamentos mínimos nas outras. Além disso, renegociar condições de pagamento com credores pode aliviar a pressão financeira, permitindo que você concentre esforços na recuperação.

O consumo consciente também desempenha um papel crucial na construção de resiliência financeira. Em um mundo onde o marketing frequentemente estimula gastos impulsivos, aprender a distinguir entre desejos e necessidades é uma habilidade valiosa. Perguntar-se: "Isso é algo que realmente preciso agora?" ou "Como esse gasto afeta minhas metas financeiras?" antes de fazer uma compra pode ajudar a evitar decisões impulsivas. Reduzir o consumo supérfluo não significa abrir mão de conforto, mas sim priorizar o que realmente importa.

Explorar novas fontes de renda é outra maneira eficaz de fortalecer sua estabilidade financeira. Desde trabalhos freelancers até a venda de produtos ou serviços, oportunidades adicionais podem complementar a renda principal e acelerar o alcance de metas financeiras. Investir em habilidades que aumentem sua empregabilidade, como cursos técnicos ou aprendizado de novas tecnologias, também pode abrir portas para melhores oportunidades no mercado de trabalho.

A educação financeira é um pilar fundamental para a resiliência econômica. Muitos problemas financeiros surgem da falta de conhecimento sobre como o dinheiro funciona. Dedicar tempo para aprender sobre planejamento financeiro, investimentos e ferramentas de gestão de recursos pode transformar completamente sua abordagem em relação às finanças. Livros, cursos online gratuitos e aplicativos de finanças pessoais são recursos acessíveis que ajudam a desenvolver essa competência.

Além disso, entender o conceito de patrimônio e como ele pode ser construído é essencial para quem busca estabilidade financeira. Patrimônio não é apenas dinheiro guardado, mas também inclui bens que geram valor, como imóveis, investimentos em ações ou pequenos negócios. Aprender a investir, mesmo que de forma modesta, pode fazer uma diferença significativa ao longo do tempo. O importante é começar, mesmo que com quantias pequenas, e manter a consistência.

Desenvolver disciplina financeira é outro elemento-chave. A capacidade de resistir a impulsos de consumo, manter o foco nas metas e cumprir o orçamento exige prática e comprometimento. Um método útil é recompensar-se de forma planejada ao atingir etapas importantes de suas metas, criando um sistema de incentivo que torna o processo mais sustentável.

No entanto, a resiliência financeira não é apenas sobre números e cálculos. É também sobre como você lida emocionalmente com o dinheiro. Ansiedade financeira é comum, especialmente quando há uma história de instabilidade econômica. Praticar mindfulness ou outras técnicas de gestão emocional pode ajudar a manter a calma em momentos de dificuldade e tomar decisões mais racionais.

A resiliência financeira é fortalecida por um senso de propósito. Quando suas finanças estão alinhadas com seus valores e objetivos, cada decisão financeira se torna um passo em direção a uma vida mais significativa. O dinheiro deixa de ser apenas um meio de sobrevivência e se torna uma ferramenta para construir o futuro que você deseja.

Ao seguir essas práticas e desenvolver uma mentalidade de longo prazo, você não apenas constrói uma base financeira sólida, mas também adquire confiança em sua capacidade de lidar com os desafios da vida. A resiliência financeira é um caminho que leva à liberdade, permitindo que você enfrente o futuro com otimismo e controle sobre suas escolhas.

Capítulo 37
Inteligência Emocional

A inteligência emocional é uma das ferramentas mais poderosas na jornada de transformação pessoal e ressocialização. Ela vai além do simples controle de emoções, abrangendo a capacidade de reconhecer, compreender e administrar sentimentos próprios e alheios. Esse domínio emocional é essencial para construir relações saudáveis, tomar decisões equilibradas e superar os desafios que a vida apresenta.

O primeiro passo para cultivar a inteligência emocional é desenvolver a autoconsciência. Isso envolve observar suas emoções à medida que elas surgem, identificando o que as desencadeia e como elas afetam seus pensamentos e comportamentos. Muitas vezes, as reações emocionais automáticas são tão rápidas que passam despercebidas. No entanto, ao aprender a pausar e refletir, você começa a reconhecer padrões que podem estar prejudicando suas interações e escolhas.

Um exercício prático para fortalecer a autoconsciência é manter um registro emocional. Anotar os momentos em que você sentiu emoções intensas — sejam positivas ou negativas — e explorar o que motivou essas reações pode revelar muito sobre suas vulnerabilidades e forças. Pergunte-se: "Por que me senti assim?" e "O que posso fazer para responder de forma mais equilibrada no futuro?". Essa prática simples pode transformar profundamente sua relação com suas emoções.

Depois de compreender suas próprias emoções, o próximo passo é gerenciá-las de maneira construtiva. O gerenciamento emocional não significa reprimir ou ignorar sentimentos, mas sim expressá-los de forma saudável e proporcional. Por exemplo, em momentos de raiva, uma pausa para respirar profundamente e contar até dez pode ajudar a evitar reações impulsivas. Em situações de ansiedade, técnicas de relaxamento, como meditação ou respiração diafragmática, podem trazer calma e clareza.

Reconhecer emoções em outras pessoas é igualmente importante. A empatia, ou a capacidade de se colocar no lugar do outro, é um dos pilares da inteligência emocional. Ela permite que você compreenda o que o outro está sentindo, mesmo que não concorde com sua perspectiva. Ao praticar a escuta ativa — prestando atenção ao que é dito, sem interrupções ou julgamentos — você cria um espaço seguro para conexões genuínas. Gestos simples, como validar os sentimentos do outro com frases como "Entendo como isso pode ser difícil para você", ajudam a fortalecer os laços interpessoais.

A empatia também é um recurso poderoso para resolver conflitos. Em vez de reagir defensivamente ou escalar desentendimentos, tente entender os motivos subjacentes às atitudes das pessoas envolvidas. Muitas vezes, comportamentos aparentemente agressivos ou hostis têm raízes em frustrações ou medos não expressos. Ao abordar os conflitos com curiosidade e compaixão, você pode transformar situações tensas em oportunidades de diálogo e reconciliação.

Outro componente essencial da inteligência emocional é a habilidade de comunicação assertiva. Ser assertivo significa expressar suas necessidades e sentimentos de maneira clara, respeitosa e firme, sem se impor ou se submeter. Por exemplo, em vez de dizer algo acusatório como "Você nunca me escuta!", uma abordagem assertiva seria "Eu me sinto ignorado quando você não presta atenção no que digo, e gostaria que conversássemos com mais calma." A prática da comunicação assertiva reduz mal-entendidos e promove relacionamentos mais equilibrados.

É importante reconhecer que a inteligência emocional não é algo fixo; ela pode ser cultivada e aprimorada ao longo do tempo. Como qualquer habilidade, ela exige prática e intenção. Momentos de falha são oportunidades para aprendizado, e cada tentativa de aplicar essas habilidades o aproxima de uma maior maturidade emocional.

Uma ferramenta útil para fortalecer a inteligência emocional é a prática de mindfulness. Essa técnica de atenção plena ajuda você a estar presente no momento, observando pensamentos e emoções sem julgamento. Ao integrar o mindfulness em sua rotina, você se torna mais apto a responder às situações com calma e clareza, em vez de reagir impulsivamente. Um exercício simples é reservar alguns minutos do dia para focar na sua respiração, percebendo o ritmo e as sensações sem tentar controlá-las.

Além disso, a inteligência emocional pode ser desenvolvida ao buscar feedback construtivo de pessoas confiáveis. Pergunte a amigos, colegas ou familiares como eles percebem suas reações emocionais e suas habilidades de interação. Embora ouvir críticas possa ser desafiador, essas informações são valiosas para identificar áreas de melhoria e trabalhar nelas. Da mesma forma, oferecer feedback positivo e construtivo para os outros reforça um ambiente de respeito e crescimento mútuo.

A gestão do estresse também está intrinsecamente ligada à inteligência emocional. Quando o estresse não é controlado, ele pode amplificar emoções negativas e dificultar a tomada de decisões. Criar uma rotina que inclua atividades de autocuidado, como exercícios físicos, hobbies e momentos de descanso, ajuda a manter o equilíbrio emocional. Além disso, reconhecer seus limites e aprender a dizer "não" quando necessário evita sobrecarga e preserva sua energia emocional.

Por fim, a inteligência emocional se manifesta no impacto positivo que você exerce no mundo ao seu redor. Pessoas emocionalmente inteligentes são líderes naturais, mesmo em contextos informais. Elas inspiram confiança, promovem harmonia e incentivam o crescimento das pessoas com quem interagem. Ao desenvolver essa habilidade, você se torna um exemplo vivo de como o autocontrole e a empatia podem transformar não apenas sua vida, mas também as comunidades das quais faz parte.

A jornada para cultivar a inteligência emocional é contínua e enriquecedora. Ao aprimorar sua capacidade de compreender e gerenciar emoções, você não apenas fortalece sua resiliência pessoal, mas também constrói relacionamentos mais profundos e significativos. Essa habilidade o prepara para enfrentar desafios com coragem e sabedoria, pavimentando o caminho para uma vida mais harmoniosa e plena.

Capítulo 38
Legado Positivo

A construção de um legado positivo é um ato intencional que transcende as barreiras do tempo, transformando sua jornada pessoal em uma fonte de inspiração e impacto para os outros. É a manifestação de escolhas e ações que deixam marcas duradouras no mundo, independentemente das dificuldades enfrentadas no passado.

Todo ser humano tem a capacidade de criar um legado. Muitas vezes, isso não exige grandes feitos ou reconhecimentos públicos, mas sim pequenos gestos de bondade, sabedoria e liderança que, somados, constroem um impacto duradouro. O primeiro passo é reconhecer que seu valor vai além de erros passados ou circunstâncias presentes. Você não é definido apenas por onde esteve, mas principalmente pelo que escolhe fazer daqui em diante.

Para começar a construir um legado positivo, é essencial identificar seus valores fundamentais. Quais princípios orientam suas escolhas? O que é realmente importante para você? Liste esses valores e reflita sobre como eles se conectam com suas ações diárias. Por exemplo, se a compaixão é um valor central, pergunte-se como pode incorporá-la em suas interações. Pequenos atos de compaixão, como ouvir alguém em dificuldade ou oferecer apoio, são sementes de um legado baseado no cuidado e na solidariedade.

Suas experiências de vida, especialmente as mais desafiadoras, também são uma fonte poderosa de aprendizado e inspiração. Muitas vezes, as lições extraídas de momentos difíceis têm o potencial de orientar outras pessoas que enfrentam situações semelhantes. Compartilhar essas histórias com autenticidade e vulnerabilidade pode criar conexões profundas e oferecer esperança a quem está em busca de direção. Isso pode ser feito por meio de conversas, palestras, textos ou até mesmo ações silenciosas que demonstrem resiliência e superação.

Além disso, envolver-se em projetos comunitários é uma maneira prática e significativa de construir um legado positivo. Procure oportunidades para contribuir com sua comunidade, seja participando de programas de mentoria, voluntariado ou iniciativas sociais. Sua presença ativa em ações coletivas reforça o senso de pertencimento e demonstra que é possível retribuir à sociedade de forma construtiva. Esses esforços também ajudam a fortalecer sua própria identidade como agente de transformação.

Outro aspecto importante da construção de um legado é a influência que você exerce sobre aqueles ao seu redor, especialmente as gerações mais jovens. Crianças e adolescentes são profundamente impactados pelos exemplos que observam. Se você liderar com integridade, compaixão e coragem, estará plantando as bases para que eles desenvolvam valores semelhantes. Ensinar pelo exemplo é uma das formas mais poderosas de deixar uma marca positiva.

A construção de um legado também pode ser impulsionada pelo cultivo de seus talentos e paixões. Ao identificar áreas em que você se destaca ou atividades que despertam entusiasmo, você pode usá-las como ferramentas para inspirar e contribuir. Por exemplo, se você tem habilidade em artes, pode criar obras que transmitam mensagens de esperança e resiliência. Se seu talento está na comunicação, pode atuar como mediador em conflitos ou educar outras pessoas sobre temas importantes. Seja qual for seu dom, ele pode ser transformado em um canal para o bem.

Embora a construção de um legado seja uma jornada pessoal, ela também envolve reconhecer e valorizar os outros. Muitas vezes, o impacto positivo que deixamos no mundo é amplificado quando trabalhamos em colaboração. Fortalecer laços com pessoas que compartilham objetivos e valores semelhantes permite que você alcance metas maiores e crie mudanças mais profundas. Redes de apoio e comunidades positivas são fundamentais para sustentar seus esforços e multiplicar os resultados.

Não há como ignorar que desafios surgirão nesse caminho. Construir um legado positivo exige consistência, mesmo em face de adversidades. No entanto, é precisamente a forma como você enfrenta essas dificuldades que define a força e a autenticidade de seu impacto. Cada obstáculo superado adiciona uma camada de profundidade à sua história e reforça a mensagem de que mudanças significativas são possíveis.

A prática da gratidão desempenha um papel crucial nesse processo. Reconhecer as oportunidades que a vida oferece — mesmo as que vêm disfarçadas de dificuldades — ajuda a manter uma perspectiva positiva e alimenta o desejo de retribuir. Mantenha um diário de gratidão ou reserve momentos para refletir sobre as bênçãos que recebeu. Essa prática não apenas fortalece seu senso de propósito, mas também inspira outros a adotar uma visão mais otimista e resiliente.

Lembre-se de que um legado não precisa ser perfeito para ser significativo. O impacto que você deixa no mundo é construído a partir de escolhas cotidianas, nem sempre grandiosas, mas sempre intencionais. É sobre a qualidade das interações, a profundidade das conexões e a autenticidade das ações. Não se preocupe em agradar a todos ou alcançar a perfeição; concentre-se em ser fiel aos seus valores e em fazer o melhor com os recursos e as circunstâncias que tem.

Ao construir um legado positivo, você não apenas transforma o mundo ao seu redor, mas também fortalece sua própria identidade e propósito. É uma jornada que celebra o poder do ser humano de aprender, crescer e inspirar. O legado que você escolhe criar hoje será o testemunho vivo de sua capacidade de superar adversidades e de contribuir para um futuro mais iluminado.

Capítulo 39
Aprendendo com os Fracassos

Os fracassos, embora muitas vezes temidos e evitados, são uma fonte rica de aprendizado e crescimento. Eles revelam áreas para melhoria, testam nossa resiliência e desafiam nossas crenças sobre nós mesmos. Quando vistos sob a luz correta, os fracassos deixam de ser estigmas de derrota e se tornam degraus em direção ao progresso.

Fracassos carregam lições que apenas a experiência pode ensinar. Eles têm o poder de expor fraquezas em planos, lapsos de julgamento e lacunas no conhecimento, permitindo uma análise honesta e detalhada. No entanto, isso exige coragem para revisitar momentos desconfortáveis sem medo de se sentir inadequado. O fracasso não define quem você é; ele é um reflexo das circunstâncias e escolhas de um momento específico no tempo.

O primeiro passo para aprender com os fracassos é desmistificar sua gravidade. Embora as consequências de um erro possam ser difíceis, é fundamental não vê-las como irreversíveis. Reflita sobre situações passadas em que algo deu errado. O que deu errado exatamente? Que fatores contribuíram para o desfecho? Muitas vezes, o medo do fracasso é amplificado pela vergonha e pelo julgamento externo. No entanto, ao abordar esses momentos com curiosidade em vez de autopunição, você se abre para as lições que eles têm a oferecer.

Uma prática poderosa é a análise objetiva. Ao invés de se fixar nas emoções negativas associadas ao fracasso, documente o ocorrido com a maior imparcialidade possível. Use perguntas como: **"O que eu poderia ter feito diferente?"**, **"O que estava** fora do meu controle?", e "Quais sinais eu ignorei?". Essa abordagem ajuda a transformar um erro em um manual para decisões mais sábias no futuro.

É essencial também separar o fracasso da identidade. Muitas pessoas internalizam erros, pensando: **"Eu sou um fracasso"**, ao invés de: **"Eu experimentei um fracasso."** Esse pequeno ajuste na narrativa pessoal faz toda a diferença. O fracasso não é um reflexo de quem você é, mas sim uma ocorrência passageira no caminho da aprendizagem.

Além disso, reconhecer que o fracasso é universal alivia a pressão. Todo ser humano, em algum momento, falha. Líderes admirados, inventores de renome e pessoas que parecem estar sempre no controle enfrentaram reveses antes de alcançar o sucesso. Thomas Edison, por exemplo, foi rejeitado inúmeras vezes antes de desenvolver a lâmpada elétrica, declarando que cada tentativa malsucedida o aproximava de uma solução. Histórias como essas nos lembram que o fracasso é parte integrante da inovação e da evolução.

Após reconhecer e analisar um fracasso, é hora de usá-lo como catalisador para mudanças positivas. Defina metas específicas baseadas nas lições aprendidas. Por exemplo, se um erro ocorreu devido à falta de preparação, faça da organização um pilar de seus próximos empreendimentos. Se foi resultado de um julgamento impulsivo, comprometa-se a pausar antes de tomar decisões importantes. Cada fracasso traz consigo uma oportunidade de adaptação.

Além de aprender com os próprios fracassos, há valor em observar os erros dos outros. Isso não implica em julgar, mas em compreender como certos padrões ou comportamentos levam a resultados negativos. Ao refletir sobre esses exemplos, você pode evitar repetir os mesmos erros e ainda desenvolver empatia por quem está enfrentando dificuldades.

Outro aspecto crucial é cultivar a autocompaixão. É fácil ser duro consigo mesmo após um fracasso, mas a crítica severa raramente resulta em crescimento. Substitua a autocrítica por afirmações encorajadoras. Diga a si mesmo: **"Errei, mas estou**

aprendendo", ou **"Posso usar essa experiência para me tornar mais forte."** A autocompaixão não é indulgência; é um reconhecimento de que todos cometem erros e que você merece a mesma gentileza que daria a um amigo.

Fracassos, por mais dolorosos que sejam, também têm o potencial de revelar forças ocultas. Situações desafiadoras frequentemente exigem coragem, criatividade e resiliência — qualidades que você pode não ter percebido possuir. Ao superar o impacto inicial de um erro, preste atenção nas habilidades que você demonstrou, como a capacidade de se levantar, reavaliar e seguir em frente. Essas forças serão cruciais em empreitadas futuras.

Há, também, momentos em que o fracasso pode levar a um novo caminho inesperado, mas significativo. Muitos empreendedores, por exemplo, começaram seus negócios após perderem empregos ou enfrentarem crises pessoais. Em vez de considerar esses momentos como fins definitivos, eles os viram como convites para explorar novas direções. Talvez um fracasso aparente seja uma chance de redescobrir paixões esquecidas ou perseguir interesses que antes pareciam fora de alcance.

Ao longo da jornada de aprendizado com os fracassos, é vital celebrar os pequenos progressos. Reconheça cada tentativa de corrigir erros ou de aplicar uma lição aprendida. Pequenas vitórias acumulam-se em grandes transformações, e cada passo em direção ao progresso merece reconhecimento.

Em última análise, aprender com os fracassos não é apenas uma habilidade, mas uma mentalidade. Trata-se de abordar a vida com abertura e determinação, sabendo que cada experiência, boa ou ruim, tem algo a ensinar. O fracasso, longe de ser o fim, pode ser o ponto de partida para algo extraordinário.

Capítulo 40
Forças e Talentos

Dentro de cada indivíduo, há um conjunto único de habilidades e talentos, muitas vezes ocultos sob camadas de insegurança ou crenças limitantes. Descobrir essas forças pode ser um divisor de águas no processo de transformação pessoal, pois oferece um senso renovado de propósito e direção. Reconhecer e valorizar essas capacidades não apenas empodera, mas também proporciona a base para construir um futuro mais significativo.

Identificar as próprias forças exige um mergulho profundo em experiências passadas. É necessário revisitar momentos em que desafios foram superados com sucesso, mesmo que à época tenham parecido simples ou sem importância. Um exemplo pode ser a habilidade de encontrar soluções criativas em situações difíceis ou a capacidade de motivar outras pessoas em tempos de crise. Esses eventos, quando analisados com atenção, revelam traços importantes que podem ser desenvolvidos e aplicados de forma estratégica.

Um método eficaz para identificar talentos é a autorreflexão guiada. Faça perguntas como: **"Quais tarefas me fazem sentir energizado e realizado?"**, **"Que tipos de problemas eu resolvo com mais facilidade do que outras pessoas?"**, ou **"Em que momentos recebi elogios ou reconhecimentos espontâneos?"** Essas respostas, mesmo que inicialmente pareçam modestas, frequentemente apontam para habilidades naturais que podem ser ampliadas com prática e intenção.

Além disso, é importante reconhecer que talentos não precisam ser espetaculares para serem valiosos. Muitas vezes, forças sutis, como a capacidade de ouvir com empatia ou de manter a calma sob pressão, são subestimadas, mas desempenham papéis essenciais em diversas áreas da vida. Quando identificados e cultivados, esses talentos se tornam ferramentas poderosas para alcançar objetivos.

Outro recurso útil na descoberta das forças pessoais é buscar feedback honesto de pessoas confiáveis. Amigos, familiares e colegas podem oferecer perspectivas externas que iluminam talentos que o indivíduo talvez não reconheça em si mesmo. Por exemplo, alguém pode apontar uma habilidade para mediar conflitos ou um dom para explicar conceitos complexos de maneira clara. Essas observações externas ajudam a construir um quadro mais completo das capacidades únicas de cada um.

Os testes de personalidade e inventários de forças também podem ser aliados valiosos nesse processo. Ferramentas como o **Teste das Forças de Caráter de VIA** ou avaliações como o **MBTI (Myers-Briggs Type Indicator)** fornecem insights sobre traços predominantes e como eles podem ser aplicados de maneira eficaz. Esses recursos não definem a totalidade do indivíduo, mas servem como pontos de partida para reflexões mais profundas.

Uma vez identificadas, as forças e talentos precisam ser desenvolvidos. Talentos brutos são como diamantes não lapidados: eles possuem grande potencial, mas requerem prática e refinamento para brilhar. Escolha uma habilidade que você deseja aprimorar e comprometa-se a investir tempo nela. Por exemplo, se você percebeu que possui uma aptidão para a escrita, experimente dedicar alguns minutos por dia à prática, seja escrevendo textos, registrando pensamentos ou criando narrativas.

Além de desenvolver talentos existentes, o processo de autodescoberta inclui explorar novas habilidades. Muitas vezes, o medo de falhar ou a crença de que "não sou bom nisso" impede que as pessoas experimentem coisas novas. Contudo, adotar uma mentalidade de aprendizado contínuo permite expandir horizontes e descobrir talentos antes desconhecidos. Por exemplo, alguém que nunca tentou tocar um instrumento pode descobrir uma paixão pela música ao se permitir a tentativa.

Enquanto desenvolve suas forças, também é fundamental aplicá-las de forma prática. Identifique áreas em sua vida onde esses talentos podem fazer a diferença. Se você tem habilidade para organizar informações, talvez possa aplicá-la para estruturar um projeto no trabalho ou ajudar um amigo em uma tarefa complexa. Se sua força reside na comunicação, use-a para melhorar relacionamentos ou liderar iniciativas comunitárias.

No entanto, a descoberta de talentos não é apenas sobre resultados externos, mas também sobre autovalorização. Reconhecer suas capacidades promove uma sensação de autoestima e confiança, que são vitais para enfrentar desafios futuros. Reforce essa valorização pessoal celebrando pequenas vitórias ao longo do caminho. Cada passo na aplicação de seus talentos é um marco digno de reconhecimento.

Outro aspecto poderoso é o alinhamento dos talentos com os valores pessoais. Pergunte a si mesmo: **"Como minhas forças podem contribuir para o que considero importante na vida?"** Esse alinhamento transforma habilidades em propósitos, conectando ações cotidianas a um significado maior. Por exemplo, uma pessoa que valoriza a justiça pode usar seu talento para argumentação lógica em defesa de causas sociais.

É igualmente importante lembrar que forças e talentos não são estáticos. Eles evoluem com o tempo, adaptando-se às experiências de vida e às mudanças de contexto. O que hoje parece ser um talento pequeno pode se tornar uma habilidade transformadora com o passar dos anos, desde que haja empenho em desenvolvê-lo. Da mesma forma, interesses e valores podem mudar, abrindo espaço para novas forças emergirem.

A descoberta das forças pessoais é um convite para abraçar o que há de melhor em si mesmo. É um lembrete de que, mesmo em meio a dificuldades, todos possuem recursos internos para crescer e superar desafios. Esses talentos, quando reconhecidos e cultivados, tornam-se a base de uma vida mais plena e alinhada com seus objetivos.

    O leitor deve estar ciente de que suas forças são um tesouro único, esperando para ser explorado e aplicado. A jornada para descobrir e desenvolver talentos é contínua, mas cada passo é um avanço significativo em direção a uma vida repleta de propósito e realização.

Capítulo 41
Ansiedade e o Medo

A ansiedade e o medo são companheiros silenciosos que frequentemente caminham ao lado de quem está em processo de transformação. Embora possam parecer barreiras intransponíveis, ambos são reações naturais diante do desconhecido e podem ser utilizados como sinais de alerta, orientando o caminho para um enfrentamento mais consciente. Aprender a reconhecer, compreender e lidar com esses sentimentos é essencial para transformar desafios emocionais em oportunidades de crescimento.

O medo, muitas vezes, se apresenta como uma projeção do futuro, alimentado por cenários imaginados que raramente se concretizam. Ele nasce da incerteza e se fortalece quando deixado sem questionamentos. A ansiedade, por sua vez, é a resposta física e emocional a esse medo, gerando sintomas como aceleração dos batimentos cardíacos, pensamentos repetitivos ou a sensação de incapacidade. Esses sentimentos, quando não geridos, podem paralisar ações ou levar a decisões impulsivas.

Enfrentar o medo começa com a disposição de nomeá-lo. Pergunte-se: **"Do que exatamente eu tenho medo?"**. Muitas vezes, o medo surge em forma de generalizações, como "não serei capaz" ou "isso vai dar errado". Quando detalhado, no entanto, ele revela suas raízes, permitindo que você o enfrente com mais clareza. Por exemplo, o medo de fracassar pode estar associado à insegurança sobre habilidades específicas, enquanto a ansiedade social pode refletir experiências passadas de rejeição.

Uma técnica poderosa para gerenciar o medo e a ansiedade é a respiração consciente. Durante momentos de tensão, a respiração tende a se tornar rápida e superficial, exacerbando os sintomas físicos da ansiedade. Praticar a respiração diafragmática – inspirando lentamente pelo nariz, permitindo que o ar encha o abdômen, e expirando suavemente pela boca – ajuda a acalmar o sistema nervoso e a reduzir a sensação de pânico.

Além disso, a prática de **mindfulness** é uma ferramenta eficaz para trazer a mente ao momento presente. A ansiedade vive no futuro, enquanto o mindfulness ensina a mente a focar no agora, onde a maioria dos medos não possui fundamento imediato. Durante episódios de ansiedade, dedique alguns minutos para observar seus arredores, concentrando-se em detalhes como cores, sons ou texturas. Esse exercício simples ajuda a desconectar-se de pensamentos ansiosos e a retornar ao controle de suas emoções.

Outro aspecto fundamental do enfrentamento da ansiedade é reestruturar pensamentos negativos. A mente, ao se deparar com incertezas, tende a criar cenários catastróficos que amplificam o medo. Ao identificar um pensamento negativo, pergunte-se: **"Isso é realmente verdade? Que evidências tenho para apoiar esse pensamento?"**. Esse processo de questionamento ajuda a neutralizar distorções cognitivas e a adotar uma perspectiva mais equilibrada.

Enfrentar o medo também envolve a criação de um plano de ação gradual. Se um objetivo parece assustador, divida-o em etapas menores e mais gerenciáveis. Por exemplo, se o medo está relacionado a iniciar um novo trabalho, comece preparando-se para os primeiros dias: organize suas roupas, estude a rota até o local ou pratique possíveis interações. A cada etapa concluída, você ganhará confiança e perceberá que o medo inicial era desproporcional à realidade.

Para medos mais profundos, como o de reviver traumas passados, pode ser necessário buscar apoio profissional. Psicólogos ou terapeutas especializados ajudam a explorar as raízes desses medos, oferecendo ferramentas para enfrentá-los de forma segura e eficaz. A terapia também proporciona um espaço para expressar emoções reprimidas e reformular narrativas pessoais, promovendo uma cura mais profunda.

Cultivar uma rede de apoio é outro elemento crucial no enfrentamento da ansiedade e do medo. Conversar com pessoas confiáveis, que estejam dispostas a ouvir sem julgamento, pode aliviar o peso emocional e oferecer perspectivas diferentes. Compartilhar seus receios não é sinal de fraqueza, mas um ato de coragem que demonstra sua disposição de crescer.

Além das abordagens práticas, é importante adotar uma visão compassiva consigo mesmo. Sentir ansiedade ou medo não é um reflexo de incapacidade, mas uma resposta humana natural. Lembre-se de que mesmo os indivíduos mais confiantes enfrentam esses sentimentos em algum momento. Trate-se com a mesma empatia que ofereceria a um amigo que estivesse passando por dificuldades.

Com o tempo, enfrentar o medo e a ansiedade deixa de ser um exercício de resistência e se torna uma oportunidade de fortalecimento emocional. Cada vitória, por menor que pareça, contribui para a construção de uma confiança inabalável. O medo pode até surgir novamente, mas você terá as ferramentas necessárias para enfrentá-lo, transformando-o de um obstáculo em um aliado na jornada de crescimento.

O leitor compreenderá que a ansiedade e o medo não precisam ser inimigos. Eles são lembretes de que você está saindo de sua zona de conforto e explorando novas possibilidades. Com prática e determinação, é possível enfrentá-los e seguir em frente com mais coragem e resiliência.

Capítulo 42
Feedback Positivo

O feedback é uma ferramenta poderosa de crescimento, um espelho que reflete o impacto de nossas ações e nos orienta a aprimorar continuamente. Construir um ciclo de feedback positivo significa não apenas aceitar as críticas e os elogios como parte do aprendizado, mas também integrá-los em um processo ativo de autodesenvolvimento. Este capítulo ensina como cultivar essa prática de forma construtiva, com foco em fortalecer relacionamentos e impulsionar a transformação pessoal.

Receber feedback pode ser desafiador. Muitas vezes, críticas são percebidas como ataques ao caráter ou à competência, o que desperta reações defensivas. Para quebrar esse ciclo, é essencial adotar uma postura de abertura. Antes de ouvir o que o outro tem a dizer, lembre-se: **o feedback não define quem você é, mas sim oferece uma oportunidade para melhorar**. Com essa mentalidade, o ato de ouvir se torna um exercício de crescimento e não uma ameaça.

Uma abordagem prática para receber feedback é usar a técnica conhecida como **OUVE**: Ouvir atentamente, sem interrupções; Validar a intenção de quem oferece a crítica, mesmo que não concorde com ela; Explorar os detalhes, fazendo perguntas para clarificar pontos; e finalmente, Examinar como aplicar as sugestões de maneira produtiva. Essa estrutura evita reações impulsivas e transforma o feedback em algo útil e manejável.

Além disso, buscar ativamente fontes confiáveis de feedback é uma habilidade que precisa ser desenvolvida.

Mentores, colegas, amigos e familiares podem oferecer diferentes perspectivas, cada uma acrescentando nuances valiosas ao entendimento de como você é percebido. No entanto, é importante filtrar essas informações. Nem todo feedback é construtivo ou baseado em intenções positivas. Aprenda a discernir entre críticas fundamentadas e comentários feitos para desmoralizar ou causar insegurança.

Da mesma forma que é importante aprender a receber feedback, é igualmente essencial saber oferecê-lo. Um ciclo de feedback positivo é bidirecional, onde ambas as partes se beneficiam da troca. Para isso, o feedback deve ser específico, respeitoso e centrado em comportamentos, e não em características pessoais. Em vez de dizer: **"Você sempre faz isso errado"**, prefira: **"Nesta situação específica, acredito que poderia funcionar melhor de outra forma"**. Essa abordagem não apenas torna a mensagem mais aceitável, mas também encoraja o receptor a refletir sobre suas ações.

O feedback a si mesmo é uma prática frequentemente negligenciada, mas crucial. Ao final de cada dia ou semana, reserve um momento para refletir: **"O que fiz bem? Onde posso melhorar?"**. Manter um diário de progresso ajuda a registrar não apenas as críticas recebidas, mas também os avanços e as lições aprendidas ao longo do tempo. Esse hábito cria uma narrativa de autocompreensão e fortalece a habilidade de autoavaliação.

Para consolidar um ciclo de feedback positivo, o leitor deve construir um ambiente que valorize essa troca. Isso pode ser feito ao criar ou ingressar em comunidades onde o aprendizado mútuo seja incentivado. Ambientes colaborativos, como grupos de estudo, redes de apoio ou equipes de trabalho, são espaços ideais para praticar o feedback construtivo de forma contínua. Essas comunidades ajudam a normalizar o processo de dar e receber críticas, tornando-o menos intimidador.

Por outro lado, lidar com feedback negativo pode ser mais desafiador. Críticas que parecem injustas ou mal-intencionadas têm o potencial de abalar a confiança. Nesses casos, é importante avaliar a mensagem com objetividade: **Existe algo de válido no**

que foi dito?. Se sim, aproveite para crescer. Se não, deixe-a de lado. Aprender a separar críticas úteis de comentários destrutivos é uma habilidade indispensável para manter o foco em suas metas.

Uma prática transformadora para integrar o feedback ao dia a dia é criar metas baseadas nele. Por exemplo, se o feedback recebido indica que você precisa melhorar a comunicação, estabeleça ações concretas para desenvolver essa habilidade, como participar de treinamentos ou praticar diálogos mais claros com pessoas próximas. Com o tempo, essas metas tornam-se trampolins para a evolução pessoal.

Além disso, valorizar o progresso, mesmo que pequeno, reforça o impacto positivo do feedback. Reconhecer quando uma crítica bem-intencionada levou a melhorias reais fortalece a confiança em si mesmo e nas pessoas que participam do ciclo. Compartilhar esses resultados também inspira outros a adotar práticas semelhantes, criando um efeito multiplicador.

Por fim, lembre-se de que o feedback, tanto o dado quanto o recebido, é uma prática que se refina com o tempo. Erros são inevitáveis no início, mas cada interação é uma oportunidade para aprimorar suas habilidades. Ao criar um ciclo contínuo de feedback positivo, você não apenas se transforma, mas também ajuda a construir um ambiente onde o crescimento mútuo se torna uma norma.

Capítulo 43
Pequenas Vitórias

A jornada de transformação não é feita apenas de grandes conquistas. Pelo contrário, são os pequenos passos que pavimentam o caminho para mudanças significativas. Celebrar essas pequenas vitórias é um ato que vai além do simples reconhecimento; é um ritual de reforço que mantém a motivação viva e estimula o progresso contínuo.

A sociedade tende a valorizar grandes marcos — um diploma, uma promoção, a compra de um imóvel — enquanto frequentemente ignora os passos menores que tornam essas realizações possíveis. No entanto, as grandes conquistas não acontecem isoladamente. Elas são resultado de uma série de ações consistentes e intencionais. Assim, reconhecer cada esforço e cada passo dado é essencial para criar um senso de progresso realista e tangível.

O primeiro passo para celebrar pequenas vitórias é aprender a identificá-las. Em meio à correria do dia a dia, muitas pessoas subestimam avanços simples, como concluir uma tarefa que antes era procrastinada, superar um medo pequeno ou até mesmo evitar um comportamento destrutivo. Cada uma dessas ações é um triunfo e merece ser valorizada. Para isso, é útil manter um diário onde você registre diariamente pelo menos três coisas positivas que realizou ou enfrentou. Esse hábito não só ajuda a enxergar o progresso, mas também treina a mente para buscar ativamente aspectos positivos na rotina.

Uma vez identificadas as pequenas vitórias, o próximo passo é aprender a celebrá-las. A celebração não precisa ser grandiosa; ela deve ser significativa para você. Um momento de reflexão silenciosa, um agradecimento verbal a si mesmo ou até um pequeno gesto, como dedicar-se a um hobby ou saborear algo especial, pode servir como um reconhecimento simbólico de seus esforços. Essas ações criam associações positivas com o progresso, tornando a jornada mais gratificante.

Além disso, compartilhar suas vitórias com pessoas de confiança pode amplificar o impacto dessa celebração. Amigos, familiares ou mentores que apoiam sua transformação podem oferecer palavras de encorajamento que reforçam sua motivação. No entanto, é importante escolher com cuidado quem ouvirá suas conquistas. O ambiente deve ser acolhedor e livre de julgamentos, para que você se sinta seguro ao expor seus progressos.

A prática de valorizar pequenas vitórias também tem um impacto psicológico significativo. Estudos mostram que reconhecer o progresso estimula a liberação de dopamina no cérebro, o que aumenta a sensação de bem-estar e reforça comportamentos positivos. Isso cria um ciclo virtuoso: ao celebrar, você se sente mais motivado, o que aumenta a probabilidade de continuar avançando.

Porém, há um obstáculo comum nessa jornada: a autocrítica excessiva. Muitas vezes, as pessoas desconsideram seus esforços porque acreditam que ainda não fizeram "o suficiente". Essa mentalidade pode ser paralisante e desmotivadora. Para superar esse desafio, é essencial reconfigurar sua percepção de progresso. Lembre-se: cada passo conta, e o fato de você estar se movendo na direção certa já é motivo para comemoração.

Uma estratégia poderosa para cultivar essa mentalidade é estabelecer metas menores e específicas. Dividir grandes objetivos em etapas menores torna o progresso mais visível e palpável. Por exemplo, se sua meta é concluir um curso, cada módulo completado pode ser celebrado como uma vitória. Se seu objetivo é melhorar suas relações, cada conversa positiva ou momento de empatia pode ser reconhecido. Essas microvitórias constroem a confiança necessária para enfrentar desafios maiores.

Outro aspecto importante é aprender a celebrar não apenas os resultados, mas também o esforço. Nem todas as tentativas levam ao sucesso imediato, mas o simples fato de tentar já é um indicador de crescimento. Reconhecer o esforço ajuda a desenvolver uma mentalidade de aprendizado contínuo, onde erros e falhas são vistos como parte natural do processo.

Além das celebrações individuais, criar momentos coletivos de reconhecimento também pode ser extremamente enriquecedor. Se você participa de uma comunidade de apoio ou grupo de ressocialização, celebre os avanços dos membros em conjunto. Isso fortalece o senso de pertencimento e cria um ambiente onde o progresso é amplamente valorizado.

Por fim, é importante lembrar que celebrar pequenas vitórias não significa se acomodar. Pelo contrário, essas celebrações servem como combustível para continuar avançando. Elas ajudam a manter o foco no caminho, lembrando que cada passo, por menor que pareça, é fundamental para alcançar o objetivo final.

Ao adotar o hábito de celebrar pequenas vitórias, o leitor desenvolverá uma nova perspectiva sobre sua jornada de transformação. Essa prática reforça a autoconfiança, promove um senso de realização constante e transforma a caminhada em algo mais leve e gratificante. Pequenos triunfos são os alicerces de grandes mudanças, e ao valorizá-los, você estará construindo uma base sólida para uma vida plena e equilibrada.

Capítulo 44
Trabalho e Vida Pessoal

O equilíbrio entre trabalho e vida pessoal é uma peça fundamental para o bem-estar e para sustentar mudanças positivas a longo prazo. No entanto, essa harmonia é frequentemente negligenciada, seja pela pressão de responsabilidades, seja pela dificuldade de estabelecer limites claros.

A vida moderna muitas vezes valoriza a produtividade acima de tudo, alimentando uma cultura de trabalho incessante. No entanto, essa abordagem pode levar ao esgotamento, prejudicando a saúde mental e física, bem como a qualidade das relações pessoais. Encontrar um meio-termo saudável entre os diferentes papéis que desempenhamos na vida é um desafio, mas também é essencial para alcançar um estado de equilíbrio sustentável.

Um primeiro passo para manter esse equilíbrio é realizar uma análise honesta de como você gasta seu tempo. Muitas pessoas se veem presas a rotinas caóticas porque nunca param para refletir sobre suas prioridades. O leitor é convidado a mapear suas atividades diárias, identificando o que consome mais tempo e energia. Esta análise pode revelar áreas de excesso — como tempo excessivo dedicado ao trabalho ou a distrações improdutivas — e abrir espaço para ajustes mais intencionais.

Com essa clareza inicial, é hora de criar uma rotina que reflita suas prioridades. Isso não significa preencher cada momento livre com compromissos, mas sim estruturar o dia de maneira que todas as áreas importantes de sua vida recebam atenção. Planejar momentos específicos para o trabalho, o descanso, a convivência social e o autocuidado ajuda a evitar o sentimento de estar constantemente sobrecarregado.

Estabelecer limites claros entre o trabalho e a vida pessoal é outro pilar essencial desse equilíbrio. Para aqueles que trabalham em ambientes que exigem disponibilidade constante, isso pode parecer difícil, mas não impossível. Práticas como definir horários fixos para iniciar e encerrar as atividades de trabalho, evitar verificar mensagens ou e-mails fora do expediente e comunicar suas necessidades de forma assertiva ajudam a criar barreiras saudáveis.

Além disso, é fundamental reservar tempo para atividades que promovam bem-estar emocional e físico. Exercícios físicos, hobbies, momentos de introspecção e interações sociais significativas são tão importantes quanto cumprir prazos no trabalho. Negligenciá-los pode levar a um ciclo de cansaço e desmotivação. Mesmo em dias mais ocupados, dedicar pelo menos 15 a 30 minutos a essas práticas pode fazer uma diferença significativa no humor e na energia.

O equilíbrio entre trabalho e vida pessoal também requer uma boa gestão de expectativas, tanto em relação a si mesmo quanto aos outros. Muitas vezes, as pessoas se sobrecarregam por acreditar que precisam fazer tudo sozinhas ou atender a todas as demandas que surgem. Saber delegar responsabilidades, pedir ajuda quando necessário e dizer "não" quando algo ultrapassa seus limites são habilidades indispensáveis para manter uma rotina saudável.

Outro ponto importante é o impacto do ambiente de trabalho. Um ambiente tóxico ou desorganizado pode amplificar o estresse e dificultar o equilíbrio. Sempre que possível, busque criar ou encontrar um espaço de trabalho que favoreça a concentração e minimize distrações. Isso pode incluir desde ajustar sua estação de trabalho até cultivar relações positivas com colegas.

O papel das pausas não deve ser subestimado. Estudos comprovam que intervalos regulares durante o trabalho melhoram a produtividade e reduzem o estresse. Técnicas como a

"Pomodoro", que alterna períodos de foco com curtas pausas, podem ser eficazes para manter o ritmo sem se sentir exausto.

Além disso, é essencial incluir momentos de desconexão digital na rotina. Vivemos em uma era onde a linha entre trabalho e lazer é facilmente borrada pelo uso constante de dispositivos eletrônicos. Limitar o tempo de tela, especialmente antes de dormir, e priorizar atividades presenciais ajuda a recuperar a clareza mental e fortalece os laços interpessoais.

Equilibrar o trabalho e a vida pessoal não é apenas sobre evitar o esgotamento; é também sobre dar espaço para cultivar relacionamentos significativos. Estar emocionalmente presente com amigos e familiares fortalece conexões e cria uma rede de apoio essencial para os momentos de dificuldade. Planeje atividades em grupo ou momentos de qualidade, mesmo que sejam simples, como compartilhar uma refeição ou uma conversa significativa.

É importante lembrar que o equilíbrio é dinâmico. Nem todos os dias ou semanas serão perfeitamente equilibrados, e isso é normal. A chave está em reconhecer quando as coisas saem do eixo e fazer ajustes antes que o desequilíbrio cause impactos negativos duradouros. Periodicamente, revise sua rotina e esteja disposto a adaptar suas estratégias às mudanças em sua vida.

Capítulo 45
Reavaliando Prioridades

Viver sem revisitar prioridades é como navegar sem uma bússola: o destino pode parecer distante e as escolhas diárias podem facilmente levar para direções indesejadas. A reavaliação constante do que realmente importa na vida é uma prática fundamental para manter o foco em objetivos significativos e viver com propósito.

As prioridades de uma pessoa frequentemente são moldadas por influências externas, como a pressão social, expectativas familiares ou demandas profissionais. Entretanto, viver segundo essas imposições, sem questioná-las, pode levar à sensação de vazio ou descontentamento. Reavaliar prioridades é um ato de coragem que exige introspecção e autenticidade. É o momento de perguntar: "O que é realmente importante para mim agora?"

O processo de reavaliação começa com a identificação do que ocupa o centro de sua vida atualmente. Liste os aspectos que consomem mais tempo, energia e atenção. Essas áreas podem incluir trabalho, relacionamentos, autocuidado, hobbies ou até mesmo preocupações triviais. Ao visualizar essas áreas, torna-se mais fácil avaliar se elas estão alinhadas com seus valores e objetivos de longo prazo.

Para determinar se as prioridades atuais são saudáveis, é útil dividir a vida em categorias essenciais: saúde, relacionamentos, carreira, desenvolvimento pessoal e lazer. Cada uma dessas áreas deve receber atenção proporcional, mas nem sempre igual. Algumas fases da vida exigem maior foco em uma área específica, como um novo emprego ou um relacionamento em construção. Contudo, negligenciar consistentemente outras áreas pode gerar desequilíbrios prejudiciais.

Uma ferramenta prática para organizar prioridades é a Matriz de Eisenhower, que divide tarefas em quatro quadrantes: urgente e importante, importante mas não urgente, urgente mas não importante, e nem urgente nem importante. Esse método ajuda a separar o essencial do supérfluo e oferece clareza sobre onde investir energia. Tarefas no quadrante "importante mas não urgente" frequentemente representam os objetivos de longo prazo que mais importam e que, por distrações ou falta de tempo, acabam sendo deixados de lado.

A reavaliação de prioridades também envolve a capacidade de dizer "não". Muitas vezes, as pessoas aceitam compromissos que não refletem suas intenções, apenas para agradar os outros ou evitar conflitos. No entanto, cada "sim" dito a algo que não é importante é um "não" implícito ao que realmente é. Praticar a assertividade para recusar tarefas, eventos ou demandas desnecessárias é essencial para proteger o tempo e a energia.

A sociedade frequentemente valoriza conquistas externas, como status profissional ou bens materiais, acima de realizações internas, como paz de espírito ou felicidade. Essa inversão de valores pode desviar o foco das prioridades autênticas. Questionar o que motiva suas escolhas — se é uma busca por aprovação externa ou a realização pessoal — é um passo crucial na redefinição de suas metas.

Para aqueles que enfrentam dificuldade em definir o que realmente importa, a prática da meditação ou da escrita reflexiva pode ser uma aliada poderosa. Escrever regularmente sobre o que te traz alegria, propósito e realização ajuda a identificar padrões e a destacar áreas que precisam de mais atenção. Reflexões simples, como "O que me faz sentir vivo?" ou "Que legado quero deixar?", podem trazer clareza em momentos de incerteza.

Outro elemento central da reavaliação de prioridades é o tempo. Muitos acreditam que têm tempo ilimitado para alcançar seus objetivos, o que gera procrastinação e escolhas impulsivas. Reconhecer a finitude do tempo não deve ser motivo de desespero, mas sim de motivação para viver de maneira mais intencional. Alinhar prioridades significa assegurar que o tempo limitado disponível seja gasto de forma a refletir seus valores mais profundos.

Revisar as prioridades não é um evento único, mas uma prática contínua. Mudanças na vida — como o nascimento de um filho, uma nova oportunidade de trabalho ou uma crise pessoal — frequentemente requerem ajustes nas escolhas e nas ações. Estabeleça um hábito de revisar suas prioridades periodicamente, seja a cada mês, semestre ou ano. Momentos de transição são especialmente propícios para essa prática, pois permitem reorganizar o foco com base nas circunstâncias atuais.

Além disso, comunicar suas prioridades a outras pessoas é uma estratégia valiosa para manter compromissos consistentes. Amigos, familiares e colegas podem ajudar a reforçar suas escolhas e oferecer suporte, desde que entendam suas motivações. Essa transparência também facilita a construção de relações mais autênticas, baseadas em respeito mútuo pelos valores de cada um.

Por fim, reavaliar prioridades não significa abandonar responsabilidades, mas sim encontrar equilíbrio e alinhamento. É uma jornada de autoconhecimento, onde o leitor é convidado a descobrir o que realmente importa em sua vida e a fazer mudanças que reflitam essa descoberta.

Capítulo 46
Desenvolvendo a Disciplina

Disciplina não é um dom inato; é uma habilidade que se constrói. É o alicerce que sustenta qualquer processo de transformação, pois sem ela até os planos mais bem estruturados se desmoronam. Desenvolver a disciplina exige comprometimento, mas, acima de tudo, requer o entendimento de que pequenos passos consistentes geram grandes mudanças ao longo do tempo.

Muitas pessoas associam a disciplina à privação, acreditando que ela é uma força que restringe prazeres e impõe regras rígidas. No entanto, a verdadeira disciplina está enraizada na liberdade: é o poder de escolher conscientemente o que é melhor para si mesmo, em vez de ser dominado por impulsos ou distrações momentâneas. É sobre governar a própria vida e direcioná-la rumo a objetivos claros.

A base da disciplina é a clareza de propósito. Antes de se comprometer a uma nova rotina ou hábito, é essencial saber por que isso importa. Objetivos vagos como "quero melhorar minha vida" carecem de força motivadora. Já metas específicas, como "quero economizar X para fazer um curso em Y meses" ou "quero perder Z quilos para melhorar minha saúde e disposição", criam um senso de urgência e fornecem uma bússola para o esforço.

O primeiro passo para desenvolver disciplina é começar pequeno. Muitas vezes, as pessoas fracassam ao tentar mudanças drásticas, como prometer uma rotina de exercícios diários após anos de sedentarismo. Em vez disso, comprometer-se com ações mínimas e alcançáveis, como caminhar 10 minutos por dia, estabelece um padrão de consistência. Essa abordagem constrói confiança e cria a base para metas mais ambiciosas.

Estabelecer uma rotina também é uma ferramenta poderosa. O cérebro humano prospera com padrões previsíveis, e criar horários consistentes para atividades importantes reduz a necessidade de decisão constante, que pode levar à fadiga mental. Escolha horários específicos para tarefas essenciais e tente segui-los, mesmo nos dias em que a motivação estiver baixa. A disciplina não depende da inspiração, mas do hábito.

A autodisciplina, no entanto, não significa ausência de recompensas. Pelo contrário, reforçar comportamentos positivos com pequenas recompensas pode aumentar a motivação e consolidar hábitos. Por exemplo, permitir-se assistir a um episódio de sua série favorita após completar uma tarefa difícil ou usar um sistema de pontos para celebrar vitórias diárias pode tornar o processo mais agradável.

É inevitável que a jornada para desenvolver a disciplina enfrente desafios. As distrações modernas, como redes sociais e entretenimento instantâneo, competem constantemente pela atenção. Criar um ambiente favorável, eliminando ou minimizando essas distrações, é fundamental. Isso pode incluir desativar notificações, estabelecer zonas livres de tecnologia durante horários produtivos ou usar aplicativos que limitam o uso de determinadas plataformas.

Outro elemento-chave para fortalecer a disciplina é a antecipação de obstáculos. Quando as pessoas planejam mudanças, muitas vezes subestimam os desafios que encontrarão pelo caminho. Visualizar possíveis dificuldades e criar estratégias para superá-las aumenta significativamente as chances de sucesso. Se a meta for economizar dinheiro, por exemplo, pode ser útil preparar refeições caseiras para evitar gastos com restaurantes ou definir transferências automáticas para uma conta de poupança.

Além disso, o autoconhecimento desempenha um papel crucial na disciplina. Identificar padrões emocionais e comportamentais que frequentemente levam a desistências permite abordá-los de forma mais eficaz. Pergunte-se: "O que normalmente me faz procrastinar?" ou "Que circunstâncias me levam a abandonar um compromisso?" Com essas respostas em mente, é possível criar barreiras contra esses gatilhos.

A técnica de "um dia de cada vez" também é valiosa para aqueles que sentem o peso das metas de longo prazo. Focar apenas no presente, perguntando-se "O que posso fazer hoje para me aproximar de minha meta?" reduz a ansiedade e torna a tarefa mais gerenciável. A disciplina, afinal, é um ato diário, e não uma decisão única.

Aprender a lidar com fracassos é outro pilar importante. Todos enfrentam recaídas, dias improdutivos ou momentos de desmotivação. O que diferencia uma pessoa disciplinada é sua capacidade de se recuperar rapidamente desses contratempos. Em vez de sucumbir à culpa ou ao desânimo, adote uma postura construtiva: analise o que deu errado, ajuste sua abordagem e recomece no dia seguinte.

A influência de histórias inspiradoras também não pode ser subestimada. Conhecer exemplos de pessoas que alcançaram grandes feitos por meio da disciplina reforça a crença de que ela é uma habilidade acessível a todos. Biografias de atletas, empreendedores ou líderes que superaram adversidades com perseverança podem servir como lembretes poderosos de que o esforço disciplinado vale a pena.

Por fim, a disciplina é fortalecida pela prática constante. É como um músculo que, ao ser exercitado regularmente, se torna mais forte e resiliente. Mesmo em momentos de dúvida, a repetição cria confiança e solidifica hábitos. O leitor, ao adotar essas estratégias, perceberá que a disciplina não é um fardo, mas uma aliada indispensável na construção de uma vida mais alinhada com seus sonhos e propósitos.

Capítulo 47
Estresse

O estresse, uma constante na vida moderna, é frequentemente um reflexo do descompasso entre expectativas e realidade. Apesar de ser uma reação natural a desafios, quando mal administrado, ele se torna um fardo emocional e físico que impede o progresso. Gerenciar o estresse de forma saudável é uma habilidade crucial para aqueles que buscam transformação, pois permite enfrentar adversidades com clareza e resiliência.

A compreensão do estresse é o primeiro passo para controlá-lo. Ele é uma resposta fisiológica do corpo, desencadeada por situações percebidas como ameaçadoras ou exigentes. O aumento do batimento cardíaco, a tensão muscular e a liberação de hormônios como o cortisol são mecanismos naturais que preparam o corpo para agir. Contudo, quando esse estado se torna crônico, ele afeta negativamente a saúde mental e física, comprometendo a capacidade de tomar decisões racionais.

Reconhecer os sinais de estresse é fundamental. Eles podem se manifestar de várias formas: irritabilidade, insônia, fadiga, dificuldade de concentração ou até sintomas físicos, como dores de cabeça e problemas digestivos. A conscientização sobre esses sinais permite uma intervenção precoce, antes que o estresse tome proporções descontroladas.

Um dos pilares para lidar com o estresse é estabelecer limites. Muitas vezes, o esgotamento emocional decorre de assumir responsabilidades excessivas ou de tentar agradar a todos. Dizer "não" quando necessário não é um ato de egoísmo, mas de autovalorização. Reservar tempo para cuidar de si mesmo é essencial para manter o equilíbrio e a saúde mental.

A organização também desempenha um papel crucial. Quando as demandas da vida parecem esmagadoras, uma abordagem estruturada pode transformar o caos em algo administrável. Ferramentas como listas de tarefas, agendas e aplicativos de gestão de tempo ajudam a priorizar o que realmente importa, eliminando a sensação de estar constantemente sobrecarregado.

Outra estratégia eficaz é a prática de técnicas de relaxamento. A respiração profunda, por exemplo, é uma maneira simples e imediata de acalmar o sistema nervoso. Inspirar lentamente pelo nariz, segurando o ar por alguns segundos e expirando pela boca, ajuda a desacelerar o ritmo cardíaco e a reduzir a tensão muscular. Além disso, a meditação e o mindfulness ensinam a focar no presente, diminuindo a ansiedade sobre o futuro e os arrependimentos do passado.

Atividades físicas regulares são reconhecidas como um dos antídotos mais eficazes contra o estresse. O movimento libera endorfinas, conhecidas como "hormônios da felicidade", que ajudam a aliviar a tensão e melhorar o humor. Caminhar ao ar livre, praticar ioga ou até mesmo dançar são maneiras de incorporar exercícios na rotina sem torná-los uma obrigação árdua.

O ambiente também pode ser um fator estressante. Espaços desorganizados ou caóticos contribuem para a sensação de desconforto. Criar um local tranquilo e ordenado para relaxar ou trabalhar reduz estímulos desnecessários e promove uma sensação de controle. Plantas, iluminação suave e cores calmantes são elementos que podem transformar o ambiente em um refúgio de paz.

Além das estratégias individuais, é essencial construir uma rede de apoio. Compartilhar preocupações com amigos, familiares ou mentores alivia o peso emocional e oferece perspectivas diferentes sobre os problemas. Para situações mais complexas, buscar ajuda profissional, como a terapia, pode ser uma solução transformadora. Psicólogos e terapeutas ajudam a identificar padrões nocivos e a desenvolver estratégias personalizadas para enfrentar o estresse.

Embora evitar completamente o estresse seja impossível, mudar a forma como ele é encarado faz toda a diferença. Reenquadrar desafios como oportunidades de crescimento em vez de ameaças permite uma abordagem mais positiva e proativa. Essa mudança de mentalidade fortalece a resiliência e prepara o indivíduo para lidar melhor com situações futuras.

Estabelecer rituais diários de autocuidado é outra maneira de gerenciar o estresse. Tomar um tempo para si mesmo, seja para ler, ouvir música, cozinhar ou simplesmente contemplar, cria momentos de alívio e renovação. Esses intervalos não apenas reduzem a pressão acumulada, mas também ajudam a manter a perspectiva sobre o que é realmente importante.

Ao final, é importante lembrar que gerenciar o estresse é um processo contínuo. Não existem soluções rápidas ou definitivas. O mais importante é reconhecer que cuidar da própria saúde emocional não é um luxo, mas uma necessidade. Dominar essa habilidade permitirá ao leitor enfrentar os desafios da vida com mais serenidade, mantendo-se firme em sua jornada de transformação.

Capítulo 48
Histórias de Superação

Histórias de superação têm um poder transformador. Elas nos mostram que, independentemente do tamanho dos desafios enfrentados, a mudança é possível. Cada relato carrega um testemunho de coragem, resiliência e determinação, iluminando o caminho de quem busca inspiração para seguir em frente. Para aqueles em uma jornada de ressocialização, ouvir sobre conquistas alheias pode ser a fagulha necessária para reacender a esperança e fortalecer o compromisso com a transformação.

Desde tempos imemoriais, as histórias de superação são narradas como exemplos de que o impossível pode ser conquistado. Elas têm um papel duplo: ao mesmo tempo em que motivam quem ouve, também reafirmam a quem as viveu que sua luta teve significado. Um sobrevivente que decide compartilhar sua experiência não apenas cura feridas próprias, mas planta sementes de resiliência no coração de outras pessoas.

Muitos exemplos de superação vêm de pessoas que enfrentaram adversidades aparentemente insuperáveis. Pense em alguém que saiu da pobreza extrema para se tornar um líder comunitário, ou em alguém que superou um vício destrutivo para construir uma vida significativa e equilibrada. O que essas histórias têm em comum não é apenas a conquista final, mas o processo de reinvenção que elas envolvem. São narrativas que nos ensinam que o fracasso não define o destino; são as escolhas feitas após o fracasso que moldam o futuro.

O poder dessas histórias está em sua autenticidade. Elas não romantizam o sofrimento, mas mostram que os momentos mais sombrios podem se tornar trampolins para a luz. Elas nos lembram de que a mudança raramente é linear; em vez disso, é um processo cheio de altos e baixos, onde a perseverança é a força condutora. Assim, ao ouvir sobre essas jornadas, o leitor pode reconhecer que seus próprios desafios são parte de um caminho mais amplo de crescimento e aprendizado.

Buscar histórias de superação pode ser tão simples quanto explorar livros, assistir a documentários ou ouvir podcasts. Relatos de pessoas que triunfaram sobre obstáculos, sejam eles sociais, emocionais ou físicos, oferecem lições valiosas sobre como transformar dificuldades em oportunidades. Além disso, conectar-se com indivíduos reais, dentro de sua comunidade ou círculos sociais, proporciona um impacto ainda mais profundo. Quando vemos alguém próximo alcançar algo extraordinário, isso torna a possibilidade de mudança mais tangível.

O aprendizado com essas histórias vai além de admirar o sucesso final. O mais importante é entender o que sustentou essas pessoas durante suas jornadas. Resiliência, fé, disciplina e apoio de outras pessoas geralmente desempenham papéis cruciais. Identificar esses elementos nas narrativas dos outros permite que o leitor reflita sobre o que pode aplicar em sua própria vida. Quem foram as pessoas que os ajudaram? Quais estratégias eles usaram para superar momentos de dúvida? Que hábitos e mentalidades os impulsionaram em direção a seus objetivos?

Para aproveitar ao máximo o poder dessas histórias, é útil adotar uma postura reflexiva. Após ouvir ou ler um relato, pergunte-se: "O que nessa experiência ressoa com a minha própria jornada?" ou "Quais passos práticos posso adaptar à minha situação atual?". Essa abordagem transforma a inspiração em ação, ajudando o leitor a traçar um caminho mais claro em direção a suas metas.

É igualmente importante lembrar que a inspiração não é um fim em si mesma. Ela é o início de um movimento interno, um catalisador que deve ser seguido por esforço contínuo. Admirar histórias de superação é poderoso, mas ainda mais impactante é a decisão de aplicar o que foi aprendido. Assim como quem superou desafios encontrou força dentro de si, cada pessoa tem a capacidade de acessar o mesmo potencial transformador.

Por fim, o leitor também deve reconhecer o potencial de sua própria história. Mesmo que sua jornada ainda esteja em andamento, ela já é uma fonte de força e exemplo. O simples ato de persistir, de continuar enfrentando os desafios, é por si só uma forma de superação. Com o tempo, o leitor pode descobrir que, assim como se inspirou em outros, sua história será uma inspiração para aqueles que ainda estão começando sua caminhada.

Inspirar-se em histórias de superação é abraçar a ideia de que ninguém está sozinho em sua luta. Elas conectam, motivam e capacitam. E mais do que isso, elas mostram que a jornada, por mais difícil que pareça, pode levar a um lugar de realização, aprendizado e impacto positivo no mundo.

Capítulo 49
Compromisso com o Futuro

O compromisso com o futuro não é apenas uma promessa feita a si mesmo; é um pacto contínuo, uma aliança que exige vigilância, esforço e renovação. Para aqueles que buscam ressocialização e transformação, este compromisso se torna ainda mais crucial, pois define o caminho a ser trilhado, mesmo em meio a desafios que parecem intransponíveis.

O compromisso nasce do entendimento profundo de que o futuro não é algo que simplesmente acontece, mas sim algo que se constrói diariamente. Ele requer clareza sobre os objetivos, uma visão definida e a disposição de alinhar cada ação ao propósito maior. Muitas vezes, o que enfraquece esse pacto é a distração com eventos cotidianos ou a dúvida sobre a capacidade de alcançar os sonhos traçados. Superar esses obstáculos começa com o reconhecimento de que o futuro não é um destino estático, mas um reflexo das escolhas feitas no presente.

Uma ferramenta poderosa para fortalecer o compromisso com o futuro é a visualização. Visualizar-se vivendo a vida que se deseja, sentindo o peso das conquistas realizadas e percebendo o impacto das mudanças adotadas, é uma forma de reforçar a determinação. Essa prática, no entanto, deve ser mais do que um exercício mental; ela precisa ser acompanhada de ações concretas. Pequenos passos tomados hoje se somam e, com o tempo, geram uma transformação que antes parecia distante.

Outro aspecto essencial do compromisso é entender que o caminho será pontuado por desafios, e que esses momentos não são sinais de fracasso, mas oportunidades para reafirmar a determinação. Um futuro sólido é construído em resiliência. Cada tropeço ensina uma lição; cada obstáculo ultrapassado fortalece o propósito. O segredo é encarar as dificuldades com a mentalidade de um aprendiz, buscando sempre o que pode ser aprendido e ajustado.

Além da força individual, o apoio de outros pode ser um alicerce para manter o compromisso. Compartilhar metas com pessoas de confiança não apenas cria uma rede de incentivo, mas também estabelece um senso de responsabilidade mútua. Saber que há aqueles que acreditam na transformação pode ser o combustível necessário para seguir em frente em momentos de dúvida. Essa rede de suporte é uma lembrança viva de que ninguém precisa enfrentar sua jornada sozinho.

Manter o foco em metas de longo prazo exige disciplina. Revisar periodicamente os objetivos, ajustando-os conforme necessário, é uma forma de garantir que eles permaneçam relevantes e alinhados com os valores e aspirações. Essas revisões também ajudam a dividir grandes objetivos em etapas menores, que são mais facilmente alcançáveis. Cada pequena conquista se torna uma prova tangível de progresso, reforçando o compromisso com o panorama geral.

Em momentos de desânimo, é essencial lembrar o porquê da jornada. Revisitar os motivos que impulsionaram a busca por mudança é uma prática que realinha o coração e a mente com o propósito maior. Essas razões são as fundações sobre as quais o compromisso é construído. Mantê-las em foco, seja através de escritos, imagens ou reflexões regulares, garante que o fogo da motivação não se apague.

Há também um poder transformador em celebrar as conquistas, por menores que sejam. Cada vitória, desde superar um hábito destrutivo até alcançar um marco significativo, merece reconhecimento. Essas celebrações não apenas alimentam a autoestima, mas também servem como lembretes de que o progresso é possível e que o compromisso com o futuro vale o esforço.

A vida está repleta de incertezas, mas o compromisso com o futuro é uma âncora que mantém o foco, mesmo em mares revoltos. Ele não é inflexível; ao contrário, deve ser adaptável às mudanças e circunstâncias. A capacidade de ajustar os planos sem perder a essência do propósito é o que transforma o compromisso em algo sustentável.

Ao fortalecer esse compromisso, o leitor não apenas se torna mais resiliente, mas também inspira aqueles ao seu redor. A dedicação ao próprio crescimento reverbera, criando ondas que impactam outras vidas. Assim, cada esforço feito para construir um futuro melhor se multiplica, expandindo o alcance da transformação.

O compromisso com o futuro é uma jornada contínua, uma promessa que deve ser renovada diariamente. É o fio que conecta o presente ao potencial de tudo o que se pode alcançar. Com cada passo firme e decidido, o leitor se aproxima de uma vida mais significativa, plena e alinhada com seus sonhos.

Capítulo 50
O Sentido da Vida

O sentido da vida é mais do que uma busca filosófica; ele é o alicerce sobre o qual se constrói a motivação para transformar, persistir e superar. Durante a ressocialização, essa busca ganha uma urgência peculiar, pois é nele que reside a força necessária para redirecionar caminhos e dar um propósito maior às ações cotidianas. Encontrar ou resgatar o sentido da vida não é um evento isolado, mas um processo contínuo, de descobertas e redescobertas, que envolve reflexão, escolhas conscientes e um olhar atento para o que realmente importa.

A vida, por vezes, pode parecer fragmentada, composta de momentos desconexos e decisões reativas. Esse cenário frequentemente surge quando o sentido se perde de vista, obscurecido por pressões externas ou pelas dificuldades acumuladas ao longo do tempo. No entanto, mesmo nesses momentos de desorientação, há um potencial para encontrar significado. Ele está escondido nas interações mais simples, nas relações humanas, no aprendizado e nas contribuições que se pode fazer para um mundo maior do que si mesmo.

Resgatar o sentido da vida começa com uma pausa. No ritmo acelerado das obrigações, raramente há tempo para refletir sobre o que dá cor e forma à existência. Essa pausa não precisa ser longa, mas deve ser intencional. Um momento de silêncio para questionar: "O que realmente importa para mim? O que me inspira a continuar?". Essas perguntas simples, mas profundas, são como chaves que destravam portas internas e permitem acessar os valores mais genuínos que movem o indivíduo.

Nesse processo de introspecção, a escrita reflexiva pode ser uma aliada poderosa. Escrever sobre experiências, sonhos, medos e conquistas cria um mapa emocional que auxilia na identificação do que traz sentido. Ao colocar pensamentos no papel, a mente ganha clareza, e padrões antes invisíveis começam a emergir. Uma frase simples, anotada durante esses momentos, pode se tornar o norteador de decisões futuras.

Outro componente essencial para resgatar o sentido da vida é a conexão. A solidão prolongada ou a falta de laços significativos frequentemente erodem a percepção de propósito. Reatar ou criar novos vínculos com pessoas que compartilhem valores semelhantes pode ser um ponto de recomeço. Relações humanas autênticas oferecem apoio, compreensão e um espaço para que o significado seja construído em conjunto. Não é apenas sobre receber, mas também sobre contribuir, sobre ser parte de algo maior.

Pequenos gestos podem ter um impacto desproporcional quando se trata de encontrar propósito. Ajudar alguém, seja com uma palavra de incentivo ou uma ação prática, é uma forma de lembrar que todos estão interconectados. Ao tocar a vida de outra pessoa de maneira positiva, cria-se um ciclo de significado mútuo que enriquece ambas as partes. Esse simples ato de generosidade, longe de ser um sacrifício, é uma afirmação de que a existência é compartilhada e valiosa.

Ao buscar o sentido da vida, muitas vezes é necessário enfrentar as próprias sombras. O passado pode carregar arrependimentos, traumas e escolhas que parecem incompatíveis com um futuro significativo. No entanto, é justamente ao confrontar essas memórias e integrá-las à narrativa pessoal que o sentido pode emergir. O que antes parecia um peso intransponível se transforma em uma fonte de aprendizado e resiliência.

A gratidão é outra ferramenta poderosa nesse resgate. Reconhecer o que já foi conquistado, por menor que seja, é uma forma de relembrar que cada momento tem valor. Um diário de gratidão, onde se anota diariamente algo pelo qual se é grato, pode parecer um exercício simples, mas tem o poder de reconfigurar a percepção do leitor sobre sua própria vida. Quando se percebe a abundância nas pequenas coisas, o sentido se torna mais evidente.

Também é vital entender que o sentido da vida não precisa ser algo grandioso ou distante. Ele pode estar em algo tão cotidiano quanto preparar uma refeição para pessoas queridas, cuidar de si mesmo ou aprender algo novo. Cada ato, por mais modesto que pareça, carrega um potencial de significado quando alinhado com os valores pessoais.

Construir um legado é um dos passos finais nesse caminho. Perguntar-se: "O que quero deixar para o mundo?" não é uma questão de vaidade, mas de impacto. Legados não precisam ser monumentos ou grandes feitos; às vezes, eles estão no exemplo de superação, na gentileza demonstrada a outros ou nas lições transmitidas a filhos, amigos ou colegas. Saber que se contribui para algo que ultrapassa a própria existência confere um propósito profundo e duradouro.

O resgate do sentido da vida não é um destino fixo, mas um fluxo constante. Ele cresce e se adapta conforme os anos passam e novas experiências surgem. O mais importante é manter o compromisso com a busca, sabendo que ela é, em si, uma parte do significado. A vida, afinal, é rica em possibilidades, e cada novo dia oferece a chance de encontrar um pouco mais de propósito em cada escolha feita e em cada caminho percorrido.

Capítulo 51
Consolidando a Transformação

Transformação é um processo contínuo, não um evento isolado. Ao longo da jornada, passos foram dados, metas foram alcançadas e desafios superados. No entanto, para que essas mudanças se tornem parte definitiva da vida do leitor, é essencial consolidá-las, integrando-as ao cotidiano de maneira sólida e sustentável. Consolidar a transformação significa transformar novos comportamentos e perspectivas em hábitos intrínsecos que reflitam uma identidade renovada.

O primeiro passo para a consolidação é a consistência. Repetir ações positivas até que elas se tornem automáticas é fundamental para reforçar a nova trajetória. Isso pode ser tão simples quanto manter um diário de gratidão, praticar um hobby saudável ou investir tempo regularmente em relacionamentos construtivos. A chave está em dar continuidade às pequenas ações que, somadas, criam uma base estável para sustentar o progresso.

Além disso, revisitar as metas periodicamente ajuda a manter o foco. À medida que o tempo passa, circunstâncias mudam, e as prioridades podem precisar de ajustes. Um sistema eficaz é realizar revisões mensais ou trimestrais das metas estabelecidas, avaliando o que foi alcançado e redefinindo os próximos passos. Essa prática garante que o leitor continue avançando, mesmo diante de novos desafios ou oportunidades inesperadas.

Outra ferramenta essencial para a consolidação é a criação de um "manual pessoal de transformação". Este é um registro das estratégias, reflexões e aprendizados que funcionaram durante o processo. Anotar as práticas que ajudaram a superar obstáculos, os recursos utilizados e os momentos de superação cria um guia valioso para consultas futuras. Em momentos de dúvida ou recaída, esse manual pode servir como um lembrete do progresso já alcançado e do caminho traçado.

A resiliência também desempenha um papel central na consolidação das mudanças. Desafios e imprevistos continuarão a surgir, e a capacidade de enfrentá-los sem perder o foco é o que diferencia uma transformação temporária de uma definitiva. Técnicas de autocuidado, como meditação, exercícios físicos e a busca por apoio emocional em redes de confiança, ajudam a fortalecer a resiliência e a prevenir o desgaste mental.

Transformar comportamentos em hábitos exige paciência e comprometimento. Estudos mostram que a criação de um novo hábito pode levar semanas ou meses, dependendo da complexidade da ação. Para facilitar esse processo, o leitor pode utilizar gatilhos — elementos do ambiente que lembrem a necessidade de executar uma ação. Por exemplo, deixar um livro à vista pode incentivar a leitura diária, enquanto definir horários específicos para atividades reforça a disciplina.

Além disso, é importante reconhecer e celebrar o progresso. Cada conquista, por menor que seja, merece ser valorizada. Isso reforça a motivação e mantém o entusiasmo pela jornada. Criar momentos de celebração, como reunir-se com pessoas queridas ou dedicar tempo para si mesmo após atingir uma meta, ajuda a consolidar a sensação de realização e a cultivar um senso de propósito contínuo.

Outro aspecto essencial da consolidação é adaptar-se às mudanças sem perder o equilíbrio. A vida está em constante transformação, e ser flexível diante de novas situações é crucial. O leitor deve estar preparado para ajustar sua rotina, rever estratégias e aprender com as adversidades, sem permitir que elas comprometam o progresso alcançado. Ver os desafios como oportunidades de crescimento fortalece a autoconfiança e promove a continuidade da transformação.

Manter a mentalidade de aprendizado contínuo também é fundamental. Buscar novas informações, participar de cursos ou se engajar em atividades que estimulem o crescimento pessoal mantém a mente ativa e alinhada com os objetivos. Essa busca por aprimoramento não apenas enriquece a experiência, mas também reforça a identidade transformada, alinhando-a com um propósito maior.

Consolidar a transformação exige que o leitor se reconheça como agente de sua própria mudança. Cada escolha, desde a mais simples até a mais complexa, reflete os valores que agora guiam sua vida. Ao aceitar que a responsabilidade pela continuidade da transformação é sua, o leitor se empodera para tomar decisões alinhadas com seus objetivos e para enfrentar desafios com determinação.

A consolidação não é o fim, mas o início de uma nova fase — uma fase em que o progresso alcançado se torna a base para novas conquistas. Ao integrar essas práticas e manter o compromisso com a transformação, o leitor estará preparado para viver uma vida plena, com propósito e equilíbrio, independentemente dos desafios que possam surgir.

Capítulo 52
Inspirando Outros

A jornada de transformação pessoal é profundamente individual, mas possui um poder que transcende o eu: a capacidade de inspirar outras pessoas. Quando alguém compartilha sua história de superação, ela se torna um farol para aqueles que enfrentam desafios semelhantes, provando que a mudança é possível e que um futuro melhor pode ser construído a partir das escolhas do presente. Inspirar outros não é apenas um ato de generosidade, mas também uma forma de consolidar e fortalecer a própria transformação.

A inspiração começa pela autenticidade. Uma história genuína, sem máscaras ou distorções, tem o poder de alcançar os corações de quem a ouve. Isso não significa expor cada detalhe doloroso ou reviver traumas intensamente, mas sim compartilhar momentos-chave que marcaram a jornada de superação. Relatar os desafios enfrentados, as lições aprendidas e as estratégias adotadas para superar obstáculos demonstra que ninguém está sozinho em suas lutas.

A identificação é uma ponte poderosa. Ao narrar experiências que ressoem com a vivência de outras pessoas, a conexão se torna mais profunda. Por exemplo, alguém que enfrentou a rejeição social e reconstruiu sua autoestima pode inspirar aqueles que se sentem isolados ou desvalorizados. É na troca de experiências que se cria uma rede de apoio e encorajamento, onde cada história individual contribui para um bem coletivo maior.

Uma forma prática de inspirar outros é participar de atividades comunitárias ou grupos de apoio. Espaços como esses são ideais para compartilhar lições e oferecer um ombro amigo a quem está começando sua jornada de transformação. O leitor pode se engajar como voluntário em organizações que promovam a ressocialização, ministrar palestras em escolas ou centros comunitários, ou até mesmo criar um blog ou canal online para contar sua história. O formato importa menos do que o impacto gerado.

Além disso, o exemplo fala mais alto que palavras. Uma mudança genuína e consistente na maneira de agir e interagir com os outros é, por si só, uma mensagem poderosa. Pessoas ao redor observarão a transformação e poderão se sentir inspiradas a buscar suas próprias mudanças. Demonstrar empatia, resiliência e valores sólidos nas relações do dia a dia transforma o leitor em um modelo vivo de superação.

O impacto de inspirar outros é bidirecional. Ao ajudar alguém, o leitor fortalece sua própria jornada, reafirmando suas conquistas e reforçando seu compromisso com o crescimento pessoal. A sensação de que sua história pode transformar vidas alimenta a motivação e traz um senso de propósito ainda mais profundo. Inspirar é, ao mesmo tempo, uma forma de retribuição e uma maneira de solidificar a própria identidade renovada.

Criar um legado também é uma forma de inspiração duradoura. Um legado não precisa ser grandioso ou amplamente conhecido; ele pode ser construído em pequenas ações que impactam diretamente a vida de quem está próximo. Ensinar habilidades, oferecer suporte emocional ou simplesmente ouvir quem precisa de atenção são atos que podem transformar o dia de alguém e plantar sementes para o futuro.

No entanto, é essencial respeitar o tempo e o espaço de quem recebe essa inspiração. Nem todos estão prontos para mudanças imediatas, e cada pessoa possui seu próprio ritmo de aprendizado e crescimento. Oferecer apoio de maneira compassiva, sem imposições ou julgamentos, cria um ambiente seguro para que os outros possam explorar suas próprias jornadas de transformação.

O leitor também pode buscar inspiração em histórias de outras pessoas, criando um ciclo positivo de aprendizado e motivação mútua. Identificar figuras que superaram adversidades similares pode trazer insights valiosos e reforçar o entendimento de que a transformação é um esforço coletivo, onde cada história compartilhada fortalece o todo.

Por fim, inspirar outros é um ato de coragem. Compartilhar vulnerabilidades, admitir falhas e expor o caminho percorrido exige força e determinação. No entanto, a recompensa é imensa: ao transformar sua própria jornada em uma fonte de esperança, o leitor não apenas reafirma seu próprio valor, mas também contribui para um mundo mais empático e solidário.

Ao abraçar o papel de inspirador, o leitor não apenas confirma sua própria transformação, mas também se torna parte de uma corrente contínua de mudança, onde cada história contada ilumina o caminho para quem ainda busca a saída da escuridão. Assim, sua jornada se torna um presente para o mundo.

Capítulo 53
Um Novo Começo

A jornada pela ressocialização, transformação e autodescoberta não é um destino final, mas o alicerce para um novo começo. A cada passo dado, o leitor foi desafiado a enfrentar verdades, superar obstáculos e reescrever sua história. Agora, com ferramentas, aprendizados e experiências acumuladas, é hora de olhar para o futuro com determinação e coragem.

O novo começo é um convite para viver com propósito e autenticidade. Este é o momento de reconhecer o valor das escolhas que moldaram a transformação e abraçar a oportunidade de criar um presente significativo. O passado, embora tenha ensinado lições valiosas, não precisa definir quem o leitor é daqui para frente.

Construir um novo começo requer uma visão clara de quem se deseja ser. Este é o ponto em que metas, valores e aprendizados se integram em uma identidade fortalecida. Visualizar um futuro positivo, onde cada ação é guiada por intenções alinhadas com os objetivos pessoais, ajuda a consolidar esse recomeço. Esse exercício de imaginação não é uma fantasia, mas uma ferramenta para planejar e perseguir uma vida mais equilibrada e significativa.

Embora o novo começo traga entusiasmo, ele também pode vir acompanhado de incertezas. Questionamentos sobre o que o futuro reserva são naturais, mas não devem paralisar. A transformação ensina que é possível encarar desafios com resiliência, enxergar oportunidades em meio às dificuldades e confiar nas habilidades desenvolvidas ao longo do caminho. Não é necessário ter todas as respostas, apenas a disposição para continuar avançando.

O recomeço também é um momento de gratidão. Reconhecer o esforço investido e as pessoas que contribuíram para o progresso reforça a conexão com o presente. A gratidão pelo aprendizado, mesmo nas situações mais difíceis, transforma obstáculos em degraus que levam a um patamar mais elevado de crescimento. A prática diária de agradecer pelo que foi conquistado fortalece o alicerce desse novo início.

É importante lembrar que o novo começo não precisa ser perfeito ou grandioso. Pequenos passos, rotinas simples e conquistas modestas podem ser tão significativos quanto mudanças radicais. O essencial é que cada ação reflita os valores e o propósito que o leitor deseja incorporar. O progresso sustentável é construído com consistência, paciência e intenção.

Criar uma vida nova também significa abrir espaço para novas conexões e experiências. Buscar ambientes saudáveis, estabelecer relacionamentos construtivos e explorar interesses desconhecidos ampliam as possibilidades de crescimento. O novo começo é uma oportunidade para sair da zona de conforto, descobrir novos talentos e cultivar um senso renovado de pertencimento.

O papel do leitor nessa nova fase também se expande. Ele deixa de ser apenas o protagonista de sua própria história e se torna um exemplo para os outros. As lições aprendidas podem ser compartilhadas, e o impacto de sua transformação pode inspirar mudanças na comunidade ao seu redor. Um novo começo é tanto um renascimento individual quanto uma oportunidade de contribuir para um mundo mais empático e inclusivo.

Apesar de ser um novo capítulo, a vida continuará a apresentar desafios. Recaídas, dúvidas e obstáculos farão parte do caminho, mas agora o leitor está equipado com ferramentas e conhecimentos para enfrentá-los. Cada dificuldade enfrentada com coragem e determinação reforça a força interior e solidifica a transformação.

Este capítulo não marca o fim da jornada, mas sim o início de uma nova era, onde cada decisão é uma chance de reafirmar os aprendizados e trilhar um caminho alinhado com os objetivos pessoais. O leitor agora carrega consigo a prova viva de que a mudança é possível e que, mesmo diante das adversidades, é possível se reinventar e construir uma vida plena e significativa.

O novo começo não é apenas um ponto no tempo; é um estado de espírito. É a coragem de sonhar de novo, a determinação de continuar evoluindo e a sabedoria de reconhecer o valor de cada passo, seja ele grande ou pequeno. É a celebração do progresso alcançado e o compromisso de continuar trilhando o caminho da transformação. É, acima de tudo, uma escolha: viver plenamente e com propósito.

Epílogo

Ao chegar ao fim desta jornada, perceba como o caminho percorrido mudou sua visão. Olhe para trás, para o início, e veja como as raízes que pareciam inquebráveis agora são apenas vestígios de quem você foi. As páginas que atravessou não foram um simples relato ou uma sequência de conselhos. Elas foram sementes. E você, leitor, o solo fértil que as acolheu.

Há algo profundamente transformador em encarar a si mesmo com honestidade. Talvez você tenha se deparado com aspectos dolorosos de sua história, com escolhas que preferia esquecer, com crenças que carregava sem perceber. Mas, mais importante, você também encontrou a liberdade de saber que não é definido por essas coisas. Você é o que decide fazer a partir delas.

Cada capítulo foi uma chave, destrancando portas que antes pareciam intransponíveis. Você aprendeu que suas raízes não o aprisionam, mas o conectam à força que o trouxe até aqui. Entendeu que o impacto do meio pode ser desafiador, mas nunca absoluto. Descobriu que erros normalizados podem ser desconstruídos, que crenças limitantes podem ser substituídas, e que cada escolha é uma oportunidade de transformação.

Agora, você tem ferramentas. Conhece os passos para reconhecer padrões, para questionar as influências ao seu redor e, mais importante, para criar novas narrativas. Sabe que reavaliar suas companhias, desenvolver resiliência e ressignificar os desafios são habilidades que o fortalecem. Cada uma dessas descobertas é um ponto de luz no mapa que guia seu futuro.

Mas lembre-se: esta jornada não termina aqui. O aprendizado é contínuo, e a transformação é um processo. Haverá momentos em que você vacilará, e isso é humano. Haverá dias em que o passado tentará puxá-lo de volta. Nesses momentos, volte a estas páginas. Elas são um lembrete de que você é mais forte do que acredita, mais capaz do que imagina.

Você não é o mesmo que começou este livro. Seu olhar agora carrega a profundidade de quem enfrentou a si mesmo e escolheu continuar. A mudança que você iniciou em sua vida tem o potencial de se espalhar. Suas escolhas inspirarão aqueles ao seu redor. Suas ações criarão ondas em lugares que você ainda nem pode imaginar.

O que vem a seguir depende de você. Este livro ofereceu a você um espelho, uma bússola e uma faísca. Use-os para continuar caminhando, construindo, crescendo. Você é o autor do próximo capítulo de sua vida.

Que sua história seja marcada por escolhas conscientes, por raízes fortalecidas e por um futuro que reflete a coragem de quem decidiu ressocializar-se – não apenas na sociedade, mas consigo mesmo.

www.ingramcontent.com/pod-product-compliance
Lightning Source LLC
LaVergne TN
LVHW040057080526
838202LV00045B/3673